犯罪圈扩大化
正当性研究
以犯罪学为主要视角

钱松 著

Research on the Legitimacy of
Expanding Criminal Circles

From the Perspective of Criminology

中国社会科学出版社

图书在版编目（CIP）数据

犯罪圈扩大化正当性研究：以犯罪学为主要视角 / 钱松著． -- 北京：中国社会科学出版社，2024．6．
ISBN 978-7-5227-3741-6

Ⅰ．D917

中国国家版本馆 CIP 数据核字第 2024SY0657 号

出 版 人	赵剑英
责任编辑	许　琳
责任校对	苏　颖
责任印制	郝美娜

出　　版	中国社会科学出版社
社　　址	北京鼓楼西大街甲 158 号
邮　　编	100720
网　　址	http://www.csspw.cn
发 行 部	010 - 84083685
门 市 部	010 - 84029450
经　　销	新华书店及其他书店
印　　刷	北京君升印刷有限公司
装　　订	廊坊市广阳区广增装订厂
版　　次	2024 年 6 月第 1 版
印　　次	2024 年 6 月第 1 次印刷
开　　本	710×1000　1/16
印　　张	14
字　　数	201 千字
定　　价	88.00 元

凡购买中国社会科学出版社图书，如有质量问题请与本社营销中心联系调换
电话：010 - 84083683
版权所有　侵权必究

序　　言

　　1997年10月1日我国现行《刑法》颁布实施，至今已有20余年。20余年间，我国共计实施了11个刑法修正案。2020年12月26日，第十三届全国人民代表大会常务委员会第二十四次会议通过《中华人民共和国刑法修正案（十一）》，自2021年3月1日起施行。2023年，《刑法修正案（十二）草案》正式提交第十四届全国人大常委会第四次会议审议。从已经颁布的刑法修正案的立法趋势看，立法者不断增加新罪名的态势在当下和今后一段时内将继续发生。

　　包括刚颁布生效的《刑法修正案（十二）》在内12个修正案总计修正或新增条文226条。[①] 除了《刑法修正案（二）》和《刑法修正案（十）》，其余的修正案均应减去一条宣布生效时间的条文，12个修正案在实体上修正的条文共计216条。在《刑法》452个条文中占到47.79%。换言之，刑事修法的覆盖面已经接近整部刑法典的一半。刑法典在纵向和横向上高密度、高烈度地修订意味着我国刑事法制正在发生着结构性的变化。毫无疑问，转型期的中国社会正在发生着剧烈的结构性变化，政治和经济结构、人口和城乡结构、社会和文化结构在短时期内急速变迁。从1997年现行刑法典颁布至今，12个刑法修正案可以视为中国社会结构性变化在刑事法制体系

---

　　① 从第1个修正案到第12个修正案的修正或新增条文数分别为：9、1、9、9、4、21、15、50、52、1、47、8，合计226条。

中的一个侧影。

　　细究下，我们会发现刑法修正的历程中，罕见减少罪名的举措。准确地说，几乎每一个修正案都在增加罪名。一个个新增的罪名在立法和司法层面扩容了刑罚适用的空间和时间维度。近20年来，刑法修正案正在单向扩大犯罪化的边界，这种单向的扩大化趋势有两个显著特征。

　　第一个特征是罪名数量显著增长、刑罚介入大为提前。1999年《刑法修正案》新增操纵期货市场罪，2001年颁布的《刑法修正案（三）》新增资助恐怖活动罪，① 2002年颁布的《刑法修正案（四）》新增雇用童工从事危重劳动罪。2005年至2006年颁布的《刑法修正案（五）》和《刑法修正案（六）》则新增了许多经济类犯罪，诸如妨害信用卡管理罪、背信损失上市公司利益罪等新罪名，及时反映了我国经济改革进程中的刑事犯罪问题。2009年颁布的《刑法修正案（七）》所增设的罪名中，讨论最多的是利用影响力受贿罪和非法获取公民信息罪。当前反腐败工作不断发展和对利用信息网络实施诈骗行为的治理似乎都彰显了《刑法修正案（七）》扩大犯罪认定所具有的某种"前瞻性"。2011年颁布的《刑法修正案（八）》新增罪名中，争议最大的就是危险驾驶罪，围绕危险驾驶罪的理论争论甚至在某种程度上波及了刑法学犯罪论和刑罚论的基础理论（尤其是犯罪构成理论）。而2015年的《刑法修正案（九）》在新增罪名上则表现得最为积极，新增了组织考试作弊罪及关联犯罪，拒不履行信息网络安全管理义务罪等信息网络犯罪，编造、故意传播虚假信息罪等新罪名。2017年颁布的《刑法修正案（十）》新增侮辱国旗、国徽、国歌罪。2021年，《刑法修正案（十一）》更是积极

---

　　① 有趣的是，2015年颁布的《刑法修正案（九）》在《刑法修正案（三）》的基础上又作了修改，将罪名由资助恐怖活动罪改为了帮助恐怖活动罪。这种修正后的再修正做法在我国刑事修法进路中不多见。

回应社会治理中的重大议题，新增了妨害安全驾驶罪，袭警罪，冒名顶替罪，高空抛物罪，侵害英雄烈士名誉、荣誉罪等罪名。在新增罪名之外，通过修正犯罪构成、降低入罪门槛或拓展犯罪认定的外延等方式，刑事修法不断展现出积极介入、主动发现并及时跟进处置社会焦点问题的态势，一些社会关注较高的行为渐次成为刑事法制规范的对象。例如，在暴恐类犯罪中，不断将某些帮助行为正犯化、将刑罚介入处置暴恐犯罪的时间大为提前；通过修正聚众扰乱社会秩序罪的构成要件，使"医闹"等社会综合治理中的焦点问题得以进入刑法视野；新增扰乱国家机关工作秩序罪、妨害法庭秩序罪等罪名，将公权力刑法保护提高到了一个新的高度；新增高空抛物罪，将刑事处罚延伸至传统民事侵权领域，法益保护范畴得以扩展。正是通过纵向维度扩大犯罪化的操作，刑罚措施得以在我国社会治理体系中更快更早地运用，其工具理性在刑法体系中不断强化。

第二个特征是修法密度的日益增大。刑事修法扩大犯罪认定的总体趋势虽然呈线性增长，但却不是均匀发展的。《刑法修正案（九）》的颁布使这种趋势达到了最高值。1999年到2005年，我国颁布了5个修正案，共计修正32个条文，年均修正数5.33条。从2006年到2015年，颁布了4个修正案，共计修正138条，年均修正数为12.55条。由此可见，修法密度急速增加。新增罪名增幅最大的是《刑法修正案（八）》和《刑法修正案（九）》两个修正案。尤其是《刑法修正案（九）》，修正条文达52条之多，一个修正案新增了大量罪名，又修正多个已有罪名的构成要件，帮助行为正犯化、预备行为实行化、实行行为扩张等立法现象在这一修正案中得以淋漓尽致地体现。在修法密度到达顶峰后，从《刑法修正案（十）》到《刑法修正案（十二）草案》，修法密度有所放缓，但回应社会治理热点的趋势却更为明显。毋庸置疑，我国刑事法制的发展已然进入到修法时代。修法时代的刑事法制当然离不开刑法学等学科所提供的理论支持。刑法教义学以解释刑法规范为学科任务，面对刑事修法犯罪化扩大的趋势当仁不让地占据着研究的核心。从是否应当增设新罪名、如何增设新罪名、如何理解新增设的罪名等方面，刑法学家做出了全面且深刻的解读。

有趣的是，面对刑事修法扩大犯罪认定的现象，刑法学界的观点如同这种趋势一样，也呈现明显的单向性：每一次扩大犯罪认定的修法举措在刑法学界收获的几乎都是批评意见。理论和现实形成了鲜明对比，一边是单向的犯罪认定扩大化修法方案，另一边是单向的针对这种扩大化犯罪认定修法的批评意见。有学者提出，要实现良法善治，仅做到有法可依是不够的，更为重要的是良法可依。[①] 学者们似乎并不认可晚近的刑法修正能够完成"良法善治"的任务。犯罪认定扩大化的正当性在规范法学界受到各种质疑的背后正是什么样的刑法是一部良法的追问。很显然，面对不断增加的罪名、逐渐扩大的刑罚范围、日益频繁的修法举动，规范法学界表达了深深忧虑，学者们并不认为这种单向扩大犯罪认定的修法举措能够带来良法善治，但立法实际却又一再表现出对扩大犯罪认定的强烈偏好。那么，我们就不得不承认，当下学界的主流理论和立法实践存在着某种矛盾。这种矛盾昭示着目前学界理论供给的不足。

在刑事法制发生结构性变化的当下，以研究犯罪为学科任务的犯罪学似乎处于一种"不在场"状态。形式上看，我国犯罪认定扩大化是一种规范活动，反映为刑事立法不断修正刑法规范、刑事司法不断执行刑法规范等活动，由刑法学等规范法学加以研究似乎并无不妥。但如果我们将视域拓展到刑事法制合目的性的层面，结论就会有所不同。一国建构刑事法制的目的可以是多种多样的，有效

---

① 刘宪权：《刑事立法应力戒情绪以〈刑法修正案（九）〉为视角》，《法学评论》2016 年第 1 期。

治理犯罪无疑是其中最为重要的目的。从犯罪学的视角来看，犯罪行为在本质上不是刑法规定的，而是社会生成的。盗窃行为不会因为刑法没有规定就不存在，其社会危害性大小并不因刑法规定的变化而发生变化。但是，犯罪必须由刑法规范予以认定，法无明文规定不为罪。因此，犯罪既是规范的，也是事实的，本质上是事实的。刑法修正中，每一个新增罪名均是现实中已经存在的行为，每一次构成要件的修正均立基于行为样态的现实变化。先有犯罪这种事实，才有犯罪认定所需要的规范。

犯罪学从事实意义上的犯罪概念切入，可以为我国刑事法制扩大犯罪认定的修法进程提供有别于规范学的知识产品。

犯罪学研究的是事实意义上的犯罪，研究犯罪认定扩大化趋势不能缺失对作为一种社会事实的犯罪现象的关注和考察。社会学认为，事实有科学事实和价值事实两种，犯罪是一种特定社会条件下的价值事实，犯罪现象增加或减少都具有充足的价值判断基础，人们从各自的价值理念出发，均可以对其进行价值评价。

在关于犯罪现象的诸项价值判断中，犯罪认定扩大化的正当性是最为重要的一种。从规范意义上看，正当性所需的依据似乎"唾手可得"。按照我国《立法法》规定的程序所制定的刑法规范就具有赋予行为入罪所需要的全部正当性依据。也正因为如此，刑法学不会去探讨刑法典中的各种罪名是否具有正当性，更多的是考虑这一行为入罪是否合理或是否必要。而从犯罪学视角切入，犯罪这种兼具规范和事实属性的社会现象，其正当性就显得较为复杂。在事实层面，行为是否入罪浓缩了一个社会在社会伦理、道德体系、民族情感等多方面的价值判断。同样的行为在某些社会或许可以是被刑罚所饶恕的，而在另一个社会也许就会触犯刑罚的底线。一个典型的例子就是"通奸行为"在我国大陆和台湾地区所获的不同评价。规法层面，刑法是行为入罪的核心标准。从某种程度上说，犯罪认定所需要的正当性依据等值于刑事立法的权威性。根据罪刑法定原则，刑法规范"确认"过的社会危害性才具有法益侵害性，而刑罚只处罚具有法益侵害性的行为。在法治昌明的当代社会，行为入罪的关键在于刑法的规定，而不是行为的具体样态。

由是观之，行为入罪的轨迹可以在规范和事实两个层面展开，由此生产了犯罪规范和事实的双重属性。面对犯罪行为的双重属性，犯罪学视域的思考区别于刑法学等规范法学的研究范式，主要是从犯罪的事实属性出发，兼顾其规范性。

站在犯罪是一种事实的基本立场，本书首先需要建构的核心概念是犯罪学意义上的"犯罪圈"。犯罪在事实层面表现为社会生活中一个个具体的行为样态，这些行为组成的犯罪圈的扩大化有两个层面的意义：事实层面的犯罪圈扩大和规范层面的犯罪圈扩大。事实层面的犯罪圈扩大表现为犯罪行为数量的增长，增长方式有两种：一是犯罪行为自然状态的增加，比如，盗窃行为在不同年份数量的变化；二是新行为的增加，例如互联网高度普及后的利用信息网络进行的各类犯罪行为。规范层面的犯罪圈扩大表现为行为属性质的增长。行为被刑事法规确认为犯罪，这种规范确认的路径也可以分为两种进路：一是立法上确认新的罪名，二是司法上追诉犯罪行为。行为入罪需要走完立法到司法的全部过程，才能真正生成一个现实中存在的犯罪行为。从晚近的实践看，我国社会的犯罪圈在规范和事实层面都处于不断扩大的状态，犯罪数量在总体上呈上扬趋势，这种趋势既有量的增长，也有质的变化。

犯罪认定扩大化投影于社会现实，表现为犯罪圈的扩大化。犯罪圈是犯罪这种价值事实的聚合体，浓缩了一定时期社会对犯罪现象的价值判断。既然有价值判断的因素，那么犯罪圈扩大化就有了寻求正当性依据的客观需求。

本书的第二个核心问题是如何理解犯罪圈扩大化的正当性。上文有述，刑事法规足以赋予犯罪认定权威性，但权威性仍然不能够完整支撑犯罪圈扩大化的正当性。在犯罪化扩大的逻辑链中，合理性是认定行为入罪的基础。回顾刑法修正案的种种理论建言，行为是否应当入罪是学者探讨较多的议题。这一议题的实质就是行为入罪的合理性。一个行为是否发生，是一个自然状态，无所谓合理性的问题。一个行为发生后由刑事法规，还是民事法规，抑或行政法规予以评价和处置则需要合理性的依据。这种依据本身需要"离开"规范视角来看待，因为法律本身不能赋予自身合理性依据（我们不能说因为有法律规定，所以这种规定是合理的）。在犯罪学论域中，合理性探讨包括但不限于规范层面。哈耶克认为，"法律先于立法"[①]，他所定义的法律是指社会在长期的文化进程中自发形成的规则，即内部规则（nomos）。内部规则之下的外部规则（thesis），才是我们惯常使用的"法律"这一术语所指称的对象。自然犯扩大的合理性立基于社会伦理、共同的道德情操等"内部规则"，而法定犯扩大的合理性则依赖于外部规则，由各种具体规范予以确认。犯罪圈扩大化的合理性主要来自于内部规则的审视。

　　合理性之外，有效性是犯罪圈扩大化正当性的另一个重要支点。犯罪圈扩大化自始至终都包含治理犯罪的价值诉求。这种诉求带有强烈的功利色彩，要求犯罪扩大化的进程中包含预防、控制犯罪现象的社会治理功能。从有效性的需求出发，如果一个具有特定社会危害性的行为入罪后，并没有带来此类行为数量的减少，那么这样的犯罪圈扩大化是不具有正当性的。[②] 在有效性的建构逻辑中，我们将刑法立法扩大犯罪认定的举措和社会生活中犯罪行为数量（具体

---

　　① ［英］哈耶克：《法律、立法与自由》，邓正来译，中国大百科全书出版社2002年版，序言。

　　② 如果刑事立法确认了一个新罪名，通过刑事法规的调控，此类行为在社会生活中实质性地减少了，那么我们可以认为这样的犯罪认定扩大化操作是有效的。如果行为入罪后，除了犯罪行为和犯罪人数的增加没有别的效果，则难言此类行为入罪是有效的。

犯罪数）和质量（犯罪社会危害性的变化）进行比较，可以得出犯罪圈扩大化是否有效的结论。

本书关于犯罪圈扩大化的正当性拆解为合理性和有效性两个因子，立基于犯罪学的学科范式，探讨犯罪圈扩大化的正当性需要什么样的知识体系以及寻求这些知识的方法论。本书无意于提供一种关于犯罪圈扩大化正当性应然的、具有普遍适用性的标准（告诉大家什么样的行为入罪是正当的）。在社会高速发展的今天，以这一种抽象的标准概括犯罪圈扩大化正当性的全部内容几乎是不可能完成的任务。本书的主旨是从犯罪学意义上的犯罪概念切入，先定义犯罪圈，再结合犯罪圈的定义来探讨其扩大化的正当性需要什么样的知识，以及以什么方法去寻求这些关于正当性的知识。全书共分为六章。

第一章主题是行进中的刑事修法和动态变化的犯罪圈。这一章中，我们通过统计数据的分析将我国犯罪圈客观样态从多个角度呈现。通过客观的数据，我们可以看到中国犯罪圈扩大化的实然状态。犯罪圈扩大化在我国已是一种不容否认的社会现象，认识这种现象应从定义犯罪圈开始。本书结合犯罪学意义上的犯罪概念将犯罪圈的理论构型分为犯罪人圈和犯罪行为圈两个维度。犯罪圈扩大化的正当性可以从这两个维度展开。其中，犯罪人圈包括了犯罪加害人圈和犯罪被害人圈，犯罪行为圈则包括但不限于刑法学意义上的犯罪行为，越轨、失范等犯罪学意义上具有社会危害性的行为均可纳入犯罪圈。在建构犯罪圈理论构型的基础上，本章进一步提出犯罪圈扩大化正当性的理论需求。作为犯罪这种价值事实的聚合体，犯罪圈扩大化正当性需要的理论供给可以由四个知识板块和犯罪学意义上的方法论提供。四个知识板块是犯罪原因、犯罪被害人、刑事政策和犯罪治理。四个知识板块以犯罪学方法论作为统领，为犯罪圈正当化提供一种社会学意义上的知识产品。

第二章的主题是研究犯罪原因和犯罪圈扩大化正当性的关系。从学理逻辑上看，只有探寻到犯罪发生的真实原因，才能准确评价犯罪圈扩大化正当性与否等问题。犯罪学从诞生时起就以研究犯罪原因为己任，所形成的理论成果可以有助于探寻犯罪发生的真实原因。犯罪原因能为犯罪圈扩大化正当性提供合理性的基础。犯罪来源于社会，犯罪的原因同样来源于社会。犯罪圈扩大化的合理性以犯罪发生的社会原因为基础。准确定位犯罪原因，才能形成犯罪圈扩大化的合理性基础。如果犯罪圈扩大化的操作没有契合犯罪的真实原因，未能有效消解社会生活中的致罪因素，那么犯罪圈扩大化必然引起合理性的质疑。只有切入到消解犯罪原因的诉求，有序拓展特定犯罪圈的范畴，社会公众才能予以犯罪圈扩大化正当性评价。犯罪学关于犯罪原因的研究是一种社会学意义上的探索，所形成的知识体系契合了犯罪作为一种客观存在的社会现象理论需求。

第三章的主题是犯罪被害人和犯罪圈扩大化正当性的关系。犯罪被害人作为犯罪圈人圈二元结构中一个维度，对犯罪圈扩大的正当性有着特殊的意义。首先，犯罪圈扩大化正当性价值体系的完整需要关切犯罪被害人利益。犯罪圈扩大化的正当性不仅体现为能成功追诉犯罪加害人，还要从减少被害人的角度来完善。在传统刑事法制"国家—罪犯"的二元叙事场中，没有太多被害人利益关切的容身之地，犯罪圈扩大化仅是国家和罪犯之间的斗争。而在工业文明风险显著增长的当代社会，国家管理者应当将减少被害人纳入到刑事法制的价值目标的考量中，否则其治理犯罪的目标将难以实现。如果在犯罪加害人圈中增加一个罪犯并不能在犯罪被害人圈中减少一个或多个被害人，这样的犯罪圈扩大化是难言具有正当性的。其次，关注被害人利益可以提供更为全面的入罪标准，奠定犯罪圈扩大的规范基础，确保被害人的利益。犯罪圈扩大化的正当性在实然层面需要体现为对犯罪化进程中各方利益的合理保护。现代刑事法制已经为犯罪加害人提供了充足的保护，即使尚有不足，也有成熟的原则可作为延伸犯罪加害人权益保护机制的基础。相对而言，被害人的权益保护制度尚未全面构建。规范位面的犯罪扩化意味着保护被害人利益在刑事立法和司法上的扩大，事实位面的犯罪圈扩大化则意味着被犯罪行为侵犯利益的被害人在增加，从正当性的诉求看，需要在犯罪化的操作上进一步结合与被害人利益关切有关的制度。最次，犯罪被害人能够完善犯罪原因体系，从而夯实犯罪圈扩大化正当性在合理性和有效性两个维度的基础。犯罪被害人在某种条件下，有可能转化为犯罪加害人或者成为犯罪发生的主要原因，关注被害人在犯罪原因层面的样态，可以完善犯罪圈扩大化正当性体系，合理安排消除致罪因素的方案，从而使行为进入犯罪圈具备更为合理的通道。

第四章的主题是刑事政策和犯罪圈扩大化正当性的关系。刑事政策可以作为理解和认知犯罪圈扩大化的政策性工具，合理制定并运用刑事政策，是犯罪圈扩大化工具理性的必然要求。在治理犯罪的诸多工具中，刑事政策无疑是最为常用的一种，特定社会条件下，其影响甚至大于刑事实体法或刑事程序法规。刑事政策的功利性、价值性和效率性能够很好地契合犯罪圈扩大化正当性进路中的功利性诉求，也就是正当性有效性因子中的核心内容。从社会治理的角度看，犯罪圈扩大化需要实现有效治理犯罪的目标，刑事政策作为治理犯罪的工具，可以和犯罪圈扩大化有效性相结合。本章中，我们回顾了我国刑事政策治理犯罪的历史实践，从中汲取合理因素，剔除不合理的举措，为当下和未来的犯罪治理进程寻找确立刑事政策有效性的基本框架。

第五章的主题是研究作为犯罪圈扩大化有效性价值目标的犯罪治理。在犯罪圈扩大化正当性建构的进路中，无论是探索犯罪原因、关切被害人利益，还是合理运用刑事政策，最终的价值归属均是犯罪治理。犯罪学视域中的犯罪治理是一种社会性的综合治理体系，刑罚之外的社会资源均可投入治理犯罪的工程。犯罪治理包括犯罪预防和犯罪控制，犯罪圈扩大化能够塑造一种有效的预防机制，这无疑是一种正当化的犯罪圈扩大操作；犯罪圈扩大化完成控制犯罪的任务同样可以赋予扩大化正当性的依据。犯罪学以其独特的预防和控制理论建构在犯罪圈扩大化追寻正当性的进程中提供了最为直观也是最为重要的有效性目标。

第六章是讨论塑造犯罪圈扩大化正当性的犯罪学路径。犯罪圈扩大化正当性的犯罪学路径可在两个方向展开：一个是方法论方向，一个是价值论方向。犯罪圈扩大化正当性需要一个科学的方法论来生成必要的知识产品。上述四个知识板块如何整合纳入犯罪圈扩大化正当性的体系中，所需要的方法论亦十分重要。犯罪学方法论的逻辑和技术特征与其他学科有着明显的不同，可以概括出三个特征：规范性、结构性和理论性。[①] 犯罪学对犯罪圈扩大化正当性研究不能仅限于经验事实的积累，还需要一套抽象的理论体系予以描述所研究对象甚至研究者所经验过的事实，这是规范性和理论性的需求；犯罪学把犯罪圈放置于学科体系中加以研究时，犯罪圈的定义、犯罪圈扩大的原因、犯罪圈扩大化的现象，应当分属于不同的理论层级，并配备相应的理论，这是结构性和理论性的要求。同时，犯罪圈扩大化的正当性还需要一套合理的价值体系。围绕犯罪治理和犯罪原因，犯罪学为我国犯罪圈扩大化提供了基于犯罪学学科体系的价值指引。犯罪学基于学科范式提供的是事实取向的价值参数，为支撑犯罪圈扩大化的正当性提供更契合社会发展现实的价值基底。

法律是一个时代历史文化的产物。罗斯科·庞德认为，法律是

[①] 参见王志强《论中国当代犯罪学的实证研究及其科学实证逻辑》，《中国人民公安大学学报》2012年第4期。

能够"以付出最小代价为条件而尽可能地满足社会需求——产生于文明社会生活中的要求、需要和期望——的社会制度"。[①] 这一论断与庞德法哲学思想中浓烈的实用主义取向密不可分。庞德建构起法社会学思想的时代是美国社会经历第二次工业革命的时代，在工业革命的冲击下，美国的社会结构发生着剧烈的变化。相似的历史进程，我国社会在当下也正处于高速发展和高速变革的时期，"最小的代价"作为我们思考并解决犯罪圈扩大化正当性诸问题的出发点并无不妥。

刑事法律制度作为社会制度的一个子项，其对犯罪圈扩大化正当性的诉求自然离不开作为一门综合性学科的犯罪学所提供的理论供给。按庞德的观点，刑事法制扩大犯罪化的结构性变化是否正当，理应考量其是否以"最小的代价满足了社会需求"。对于犯罪这种社会现象，最大的需求就是将其有效治理，本书六个章节正以此为中轴线，提供一种认知犯罪圈扩大化正当性的犯罪学知识体系和方法论，以期为我国当下和今后刑事修法进路提供一种科学的标准。

[①] Roscoe Pound, *social control through law*, *1st*, Transaction Publishers, 1996.

目　　录

第一章　行进中的刑事修法和动态变化的犯罪圈 ………………（1）
　第一节　行进中的刑事修法 ………………………………………（1）
　　一　晚近刑事修法纵览 …………………………………………（1）
　　二　规范法学场域中的刑事修法 ………………………………（3）
　第二节　犯罪化实景的统计分析 …………………………………（9）
　　一　统计数据中的犯罪扩大化 …………………………………（9）
　　二　规范法学研究犯罪扩大化的局限性 ………………………（14）
　第三节　规范与事实：犯罪化的全景面相 ………………………（18）
　　一　犯罪化的二重性和共同的价值目标 ………………………（19）
　　二　规范位面的犯罪化 …………………………………………（22）
　　三　事实位面的犯罪化 …………………………………………（23）
　第四节　犯罪圈——犯罪学意义上犯罪化的理论核心 …………（26）
　　一　犯罪扩大化事实进路的基础——犯罪圈 …………………（26）
　　二　犯罪圈理论建构的基础——作为一种价值事实的
　　　　犯罪 …………………………………………………………（27）
　　三　犯罪圈的犯罪学二元构型 …………………………………（31）
　第五节　犯罪圈扩大化正当性的内在结构分析 …………………（38）
　　一　权威性——犯罪化正当性依据规范意义上的理论
　　　　基质 …………………………………………………………（39）

二　合理性——犯罪化正当性事实意义上的本质
　　　属性 …………………………………………………………（40）
  三　有效性——犯罪化正当性规范与事实属性的
　　　链接点 ………………………………………………………（41）
  四　犯罪圈扩大化正当性的犯罪学知识供给 ……………………（42）

第二章　犯罪原因：犯罪圈扩大化正当性的原生性基础 ………（44）
　第一节　犯罪原因基本原理分析 ………………………………………（45）
　　一　犯罪原因的基础理论 …………………………………………（45）
　　二　犯罪原因的研究目的辨析 ……………………………………（54）
　第二节　犯罪圈扩大化正当性的建构逻辑——基于犯罪
　　　　　原因 ……………………………………………………………（62）
　　一　犯罪原因的双层次性 …………………………………………（62）
　　二　犯罪社会原因分析——制度规范的视角切入 ………………（64）
　　三　异化犯罪原因分析——从道德恐慌视角切入 ………………（66）

第三章　犯罪圈扩大化正当性的被害人视角 ……………………（69）
　第一节　被害人学基础理论 ……………………………………………（73）
　　一　被害人学及被害人 ……………………………………………（73）
　　二　被害人内涵及类型 ……………………………………………（77）
　　三　被害人的"再发现"及意义 …………………………………（79）
　第二节　犯罪圈扩大化正当性的价值体系的完善——减少
　　　　　被害人 …………………………………………………………（85）
　　一　减少被害人的内涵 ……………………………………………（87）
　　二　减少被害人原则的理论价值 …………………………………（91）
　第三节　减少被害人原则对入罪逻辑的优化 ………………………（100）
　　一　减少被害人原则检视下的社会危害性 ………………………（101）

二　减少被害人原则对刑法调控范围的合理限制 ……… （104）
　第四节　犯罪互动中的被害人因素 ………………………… （106）
　　一　犯罪互动中被害人因素和犯罪圈扩大化正当性 …… （107）
　　二　被害人因素塑造犯罪圈扩大化正当性的基本
　　　　逻辑 ……………………………………………………… （111）

第四章　刑事政策：犯罪化正当性的外生性因素 ……………… （116）
　第一节　刑事政策及刑事政策学 …………………………… （118）
　　一　刑事政策概念解析 …………………………………… （118）
　　二　刑事政策学及其学科范式 …………………………… （122）
　第二节　刑事政策的中国语境 ……………………………… （124）
　　一　中国刑事政策实践分析——从"严打"到
　　　　"宽严相济" …………………………………………… （124）
　　二　从"鸿沟"到"贯通"——刑法学和刑事
　　　　政策学的关系考察 …………………………………… （129）
　第三节　犯罪圈扩大化正当性的刑事政策检视 …………… （132）
　第四节　刑事政策有效性的犯罪学检视 …………………… （135）
　　一　刑事政策合有效性的犯罪学逻辑基点：正确认识
　　　　犯罪原因 ……………………………………………… （136）
　　二　刑事政策有效性的犯罪学校检 ……………………… （137）

第五章　犯罪治理：犯罪圈扩大化正当性的内生动力 ………… （143）
　第一节　犯罪控制、犯罪预防与犯罪治理 ………………… （144）
　　一　犯罪预防和犯罪控制 ………………………………… （145）
　　二　犯罪治理理论图景 …………………………………… （154）
　第二节　犯罪治理有效性解读 ……………………………… （156）
　　一　犯罪学意义上的犯罪治理有效性内涵 ……………… （156）

二　犯罪治理有效性的建构路径 …………………………（159）

第六章　建构犯罪圈扩大化正当性的犯罪学路径 …………（162）
　第一节　犯罪圈扩大化正当性建构的犯罪学方法论 ………（163）
　　一　犯罪学方法论的一般特征 ………………………………（163）
　　二　犯罪学视域下犯罪圈扩大化正当性的方法论
　　　　基础 …………………………………………………（166）
　第二节　犯罪圈扩大化正当性建构的犯罪学价值论 ………（169）
　　一　犯罪圈扩大化正当性基础中的犯罪原因价值 …………（170）
　　二　犯罪圈扩大化正当性基础中的犯罪治理价值 ………（174）

结　语 …………………………………………………………（178）

参考文献 ………………………………………………………（181）

探寻治理犯罪的中国式现代化路径（代后记） ……………（193）

第一章
行进中的刑事修法和动态变化的犯罪圈

第一节 行进中的刑事修法

一 晚近刑事修法纵览

处于转型期的中国社会不断地向人们展示着社会变迁过程中这样那样的历史图景。这些历史图景既可以作为一种静态的社会结构加以研究,同时也在不断塑造相关学科研究范式的发生发展模式。在转型期中国社会静态和动态的变化中,与法律相关的学科的发展态势应当和中国社会的基本事实形成合理对接,无论是学科内部体系"专业槽"的构造和完善,还是学科外部应对重大议题的能力和方法,都不能离开转型期中国社会这一叙事基础。法律是一个民族文化的重要组成部分,为我国高速发展的社会提供了秩序的保障,并在提供秩序保障的过程中使自己也成为了一个重要的社会工程。

作为一种社会工程的法律学科的建构可以分解成若干子项,刑事法制是其中一个重要的内容。面对社会高速发展的基本态势,刑事法制以密集的修法作为回应。毋庸置疑,我国的刑事法制进程已然进入到了"修法时代"。我们以"修正条文数""新增罪名数"

"修正时间间隔"三个参数来纵览刑事修法的概况。①

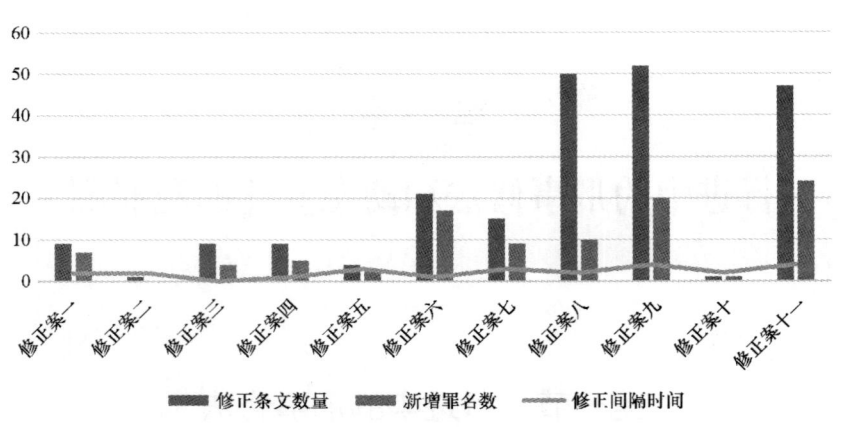

图 1-1 刑事修法纵览

结合三个统计参数,我们可以总结出刑事修法的几个特征:第一个特征是修正条文数陡然增大。最为明显的特征是《刑法修正案(八)》和《刑法修正案(九)》以 50 条左右的修正量和其他修正案拉开了差距。两个修正案共计修正条文 103 条,占刑法典总条文数的 22.7%,占 11 个修正案修正条文数(218 条)的 46.7%。这说明我国刑事修法不是线性增长的,在规范之外有着更为本质的因素促使刑事修法的烈度发生变化。第二个特征是修法烈度增大。修法烈度增大实质是犯罪认定的扩大化,尤其是分则中具体罪名对应的犯罪行为发生了结构性变化。我们知道,《刑法》总则规定的内容主要是关于刑法的指导思想、基本原则和适用范围以及犯罪和刑罚一般原理等。② 从历年刑事修法的具体内容看,仅有《刑法修正案(八)》《刑法修正案(九)》和《刑法修正案(十一)》对总则内容

---

① 本书所引用的犯罪统计数据均来自国家统计局网站权威发布栏目,网址:http://www.stats.gov.cn/。
② 刘宪权主编:《刑法学》,上海人民出版社 2012 年版,第 21 页。

作了修正，而从1999年到2011年的12年间，68个条文的修订竟无一条涉及总论。《刑法修正案（八）》《刑法修正案（九）》和《刑法修正案（十一）》共计149条的修正内容中，涉及总则的条文达到了24条，占总修订条文数的16.1%。其中，《刑法修正案（十一）》对刑事责任年龄的修正，更是深刻地影响了我国刑法的基础理论。修法进程突然转向刑法总则，背后的原因值得我们深思。第三个特征是修法的时间间隔相对平稳，修法间隙小。从统计数据可以看出，代表修法时间间隔的曲线起伏不大，说明我国刑法修正在时间进程上呈平均分布的态势，但修法时间间隔却很短，差不多每两年修正一次。晚近20余年刑事修法呈现出内容上的高烈度和时间上的高密度两大趋势。

刑法修正案颁布的日益频繁、修正条文的不断扩容等态势一再彰显着刑事法制回应社会发展需要的内生性动力。透过刑法文本的变迁，我们看到的是我国社会转型期的诸多因素在刑事法制层面引发的实践和思辨的紧张关系。刑法理论的体系化或曰体系化后的刑法理论如何自洽地认知社会现实中不断涌现的种种或近似或迥异的犯罪行为和立法司法实践中如何处置各种实然的犯罪存在，均是修法时代需要回答的核心问题。从规范法学，尤其是刑法学的立场出发，学者们对刑事修法进程中体现出的不断扩大犯罪认定的趋势展开了持续而热烈的探讨，这种探讨呈递出一种"单向维度"的特征。

二 规范法学场域中的刑事修法

上述统计数据从宏观上反映了我国刑事修法的总体趋势，犯罪认定扩大化已是不争的事实。这种的事实放置于规范法学的场域收获了一边倒的批评之声。我们以修正条款最多的《刑法修正案（九）》的相关评述为例来探视刑法学界对犯罪认定扩大化以批评为主的总体态势。

第一个维度的批判依据主要在刑法教义学的框架内展开，论者批判的立论基础主要是认为刑事修法扩大犯罪认定的做法与刑法教义学不同层次的理论构架相抵触。论者从作为刑法教义学基础理论的批判性法益概念、以预防为中心的刑罚目的论到预备行为实行化、中立帮助行为正犯化等刑法教义学中层理论，系统梳理了《刑法修正案（九）》的种种不足，认为其存在总论虚置、现象立法、立法体系与具体法条内在逻辑矛盾等一系列问题。例如，该论者从刑法教义学中层理论出发，提出《刑法修正案（九）》增设组织考试作弊罪存在虚置总论共同犯罪的相关规定，导致立法冗余等问题，认为"为他人实施前款犯罪（组织作弊）提供作弊器材或者其他帮助的，依照前款的规定处罚"的规定在立法技术上不够简练，是对共犯问题的冗余表达，即使没有这个规定，根据刑法理论上早已对正犯与共犯问题所形成的理论共识，也可以正确处置此类问题。作为狭义共犯的一种形态，帮助犯是指共同犯罪中没有直接参与实行，而是向实行犯提供帮助的人，在第二百八十四条第一款明确规定的正犯行为是"组织作弊"的情况下，即使为他人实施前款犯罪提供作弊器材或者其他帮助的行为，也会当然地依照前款的规定处罚，因此该论者认为第二百八十四条第二款的规定完全是冗余和没有效率的。① 站在教义学的视角，更有论者直言晚近刑事修法的总体趋势导致违法相对性理论崩溃，强调"刑法前置化立法最为直接的理论结果就是违法相对性理论的崩溃。其直接的现实结果是导致行政民事违法行为与刑事违法行为之间的界限消失，导致罪名形式化、空洞化、黑洞化，导致刑法自洽性的削弱"②。这样，刑法教义学体系

---

① 参见车浩《刑事立法的法教义学反思——基于〈刑法修正案（九）〉的分析》，《法学》2010年第10期。

② 参见孙万怀《违法相对性理论的崩溃——对刑法前置化立法倾向的一种批评》，《政治与法律》2016年第3期。

的内在逻辑是难以自洽的。持相似观点的学者早在《刑法修正案（八）》颁布后就发出了最为激烈的批评之声——"危险驾驶罪的增设，彻底打破了'违法'和'犯罪'的分水岭，或者说模糊了两者的界限，模糊了传统意义上的行政处罚与刑法的界限，将原本属于'违法'的行为人为地、强行提升为'犯罪'而遭受刑事制裁，或者说，以'大炮打苍蝇'的架势，将原本具有'不得已而为之'性质的、作为最后性制裁力量的刑事制裁和干预，挪用而进入"①。这一观点认为，危险驾驶罪突破了违法性限制刑罚运用的壁垒，使得刑法教义学关于违法性的基本原理失去了实际意义。

第二个维度的批判集中于我国刑法实用工具主义的基本立场，从我国刑法已然成为社会治理诸多方案这一理论预设出发，批判刑事法制扩大犯罪认定的立法取向。学者的论证路径集中于刑法作为一种社会治理"工具"所存在的种种弊端。如，有学者认为晚近刑事修法扩大犯罪认定进路的做法，在不断扩大国家刑罚权力的同时，却以缩小或限制公民自由为内容，使得我国刑事立法在工具主义的轨道上前行，造成社会治理"过度刑法化"的现象，认为这样已然导致国家权力结构和公民权利结构发生变化，国家司法资源配置不合理、公众的刑法认同被削弱等诸多负面效果。应当积极提倡刑法最小化参与社会治理的基本原则，强调刑法保护公民自由的根本使命。② 还有论者以刑法"新工具主义"的立法特征为切入点，指出中国现代化转型中，刑事立法扩大犯罪认定体现出"新工具主义"倾向，导致刑事立法"缺乏正当性""立法无价值""谦抑性贬损"等一系列后果。③ 该论者以金融刑法的立法实际为例，指出我国刑事

---

① 于志刚：《刑法修正何时休》，《法学》2011年第4期。
② 参见何荣功《社会治理"过度刑法化"的法哲学批判》，《中外法学》2015年第2期。
③ 魏昌东：《新刑法工具主义批判与矫正》，《法学》2016年第2期。

修法新工具主义的弊端。在已经颁布的1个单行刑法和9个刑法修正案中,有很多条文涉及金融犯罪的修正,占38项金融犯罪罪名的52.6%。而略具讽刺意味的是,刑法修正投入大量资源的新增或修正罪名在司法中却较少得以适用。这种情况使得新增罪名的"空置率"长期处于高位。

第三个维度的批判从刑事修法的技术层面出发,就晚近我国刑事修法扩大犯罪认定范畴的过程中各种技术性缺陷的不足做出批判。这一维度的批判着力点不是"应否",而是"如何",往往集中于具体罪名设置的技术性完善问题。有学者细致梳理了《刑法修正案(九)》的新增罪名,指出了诸如"非法制造、出售非法制造的发票罪""持有伪造的发票罪"等罪名存在着头痛医头、脚痛医脚的问题,并进一步分析了刑事修法新增罪名进程中存在的法制统一原则关注不足、缺乏问题意识、部分立法不够精简等问题。[①] 还有学者指出"危险驾驶罪"中"醉驾"和"飙车"在构成要件上存在明显差异,而具体的法条设计上却又没有合理区分,以至于司法实践中难以准确适用。此外,另有学者针对晚近若干刑法修正案不断增设金融犯罪的现象提出质疑,指出我国刑法修正中的金融领域的立罪活动存在"无先而后"现象,背离了立罪逻辑规则。[②]

第四个维度从刑法基本原则出发,认为刑事修法违反了刑法的基本原则。有学者认为,刑法修正犯罪化的某些行为中,有一部分是可以运用民事、行政手段加以治理或调整的,没有必要在刑事立法活动中作为犯罪处理。[③]

[①] 吴林生:《刑法修正案(九)草案的得失及修改建议》,《中国刑事法杂志》2015年第1期。

[②] 胡启忠:《金融刑法立罪逻辑论——以金融刑法修正为例》,《中国法学》2009年第6期。

[③] 刘宪权:《刑事立法应力戒情绪——以〈刑法修正案(九)〉为视角》,《法学评论》2016年第1期。

第五个维度从我国法治建设的整体效果出发，认为当前的犯罪扩大化进程改变了我国刑事立法严而不厉的模式，指出"当今我国的刑事立法应该放弃被放大的刑法万能之理念，面对现实层出不穷的违法行为，立法者应该'冷眼观之'而不是动辄入刑"①。

在多数刑法学者持评判意见的整体态势下，亦有少部分学者对我国犯罪认定扩大化趋势持肯定态度。这部分学者证成其观点的主要理论支点是犯罪生成的"外部因素"（包括社会和政策因素）以及刑法体系演进的合理诉求。从中国社会的现实图景出发，有学者肯定十多年来刑事修法扩大犯罪认定的举动，认为社会高速转型期的中国，立法者为构建新的秩序目标，不断通过成文刑法将国家意志法律化。② 持这一观点的学者认为，转型期的中国社会所进行的刑事立法工作亟须转变传统的法益观念。要通过积极参与社会治理、增加刑事立法新的调控方式，赋予当代社会的刑法规范以新的机能。在当下刑事修法高密度展开的同时，立法的活跃性与我国传统刑事法制观念之间的距离越来越远，刑事修法面临的许多新难题不再是传统刑法理论能够完整回答的，因此不能拘泥于过往的结论和观念。这一学者的立场在某种程度上已然离开了规范法学的视域，其立论的基础是将刑法规范作为犯罪治理的法律工具，刑事立法可以积极介入包括犯罪治理在内的社会综合治理体系。这种刑法积极介入的态势不但不会带来刑法过度干预的风险，还能取得良好的社会效果。从转型期各种新增的具有法益侵害性的行为，诸如网络犯罪、恐怖主义犯罪等犯罪类型来看，犯罪化是契合中国社会转型发展总体趋势的。有学者对晚近刑事修法大量增加妨害社会管理秩序罪，调整刑罚目的的修法举

---

① 刘艳红：《我国应当停止犯罪化的刑事立法》，《法学》2011年第11期。
② 周光权：《转型时期刑法立法的思路与方法》，《中国社会科学》2016年第3期。

动予以了肯定,① 认为《刑法修正案（九）》的修法理念以保障公共安全、维护社会秩序为主，契合追求自由的法律价值，具有价值合理性和现实合理性。另有学者从社会和人民需求的角度考察《刑法修正案（九）》新增的诸多罪名，认为这些新增罪名集中反映了时代特征，坚持了问题导向，体现了人民的意志。② 在此基础上，该学者进一步梳理了《刑法修正案（九）》值得肯定的特征：一是修法有的放矢，坚持面向社会生活和司法实践把握问题并切实解决问题；二是修法重点突出，注意关注当代中国和国际社会刑事法治的焦点问题；三是力求科学合理，注意修法内容的科学性和可操作性；四是修法公开民主，注意将之贯彻于修法过程，体现于修法内容抉择上。这些修法特点保证了《刑法修正案（九）》的立法品质。③

在肯定和否定的二元立场中，我们真切地看到刑事修法在刑法学领域的不同面向。作为法治中国建设进程中的一个重大事件，引发学理上的争议是再自然不过的事情。否定论和肯定论在刑法理论的场域中都能找到各自观点逻辑自洽的基础，同时肯定论和否定论在理论构造出发点上又存在着值得思考的差异。肯定论者多站在刑法教义学和刑法基本原则的立场，以规范法学的学理逻辑来认知刑法修正，敏锐地感知到犯罪认定扩大化的修法趋势对刑法学科的冲击，从学科独立性批判精神出发对犯罪认定扩大化的趋势持否定态度。而肯定论者则更多从刑法作为一门部门法的角度切入考察犯罪认定扩大化的修法趋势。有学者已经提出要转变法益观，力图将我国刑法理论的应然状态和刑事修法的实然处境相调和，避免二者的

---

① 参见高铭暄、李彦峰《〈刑法修正案（九）〉立法理念探寻与评析》，《法治研究》2016年第2期。

② 赵秉志、赵远：《修法特点与缺憾——〈刑法修正案（九）〉简评》，《求索》2016年第1期。

③ 赵秉志：《中国刑法的最新修正》，《法治研究》2015年第6期。

矛盾冲突。有学者则将刑法任务放置于社会发展的需要、民意的选择等"刑法外"的领域中，从一种满足治理需求的视角来看待刑法修正。

在规范法学视域围绕犯罪认定应否和妥否的各种研讨之外，犯罪认定扩大化的事实状态是一个更值得深思的问题。刑法是规定犯罪和刑罚的法律，犯罪和刑罚构成了刑法的基本内容。[①] 刑法作为保障法，在制定时，理想状态应当是"明确到不允许解释的程度"[②]。刑事修法关乎社会、集体和个人的重大利益，必须慎之又慎。无论是肯定还是否定观点，都需要一个从事实样态观察的视角，而犯罪统计正好能够全面呈现犯罪化的事实样态。

第二节 犯罪化实景的统计分析

2024年3月1日，《刑法修正案（十二）》正式实施，围绕历次修正案所展开的研究探讨在每个修正案颁布后总会持续发酵很长时间。不同于立法工作的相对静止性，社会生活中的犯罪是动态变化的，这种动态的发展变化可以从统计数据中获取某一时断的横切面来予以解读，以"管中窥豹"的方式把握社会整体犯罪行为的变化。从犯罪化的统计数据中，我们能更清晰地看到我国犯罪扩大化趋势的事实样态。

一 统计数据中的犯罪扩大化

犯罪统计是我们认识事实位面犯罪扩大化一条直观而又有效的

---

① 高铭暄主编：《中国刑法学》，中国人民大学出版社1989年版，第1页。
② 参见［意］贝卡利亚《论犯罪与刑罚》，黄风译，中国大百科全书出版社1993年版，第12页。

路径，可以清晰呈现不同的犯罪化样态。下面我们以"10年"① 为统计的时间单位来考察现实社会中各种犯罪类型的客观样态。

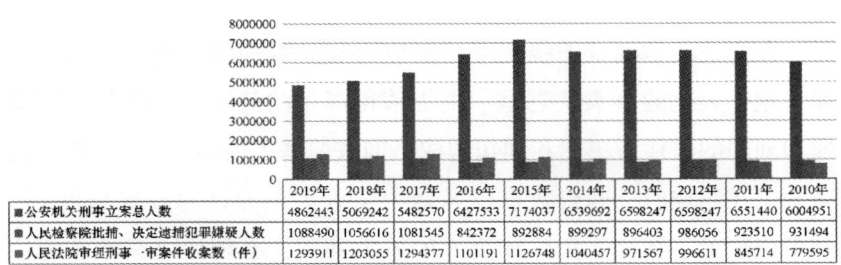

图 1-2　历年司法机关立案数

图 1-2 的统计数据基本展示了我国三个样态的犯罪实景。第一组数据反映的是公安机关刑事立案总人数。从 2010 年至 2019 年，我国先后颁布了三个刑法修正案，包含修正条文最多的《刑法修正案（八）》和《刑法修正案（九）》。分则中的罪名逐案增加，新增罪名从破坏社会主义市场经济秩序罪到贪污贿赂罪，覆盖面积较广，所涉犯罪行为亦是当时社会关注的焦点问题。犯罪认定在规范层面呈线性增长的趋势。10 年间，公安机关刑事立案数虽然在不同年份有所起伏，但存量是增长的。毫无疑问，我国犯罪扩大化已然成为一个事实。但需要注意的是，事实位面犯罪化的扩张不是线性增长，2015 年公安机关刑事立案的人数最多，达到 700 多万件，远大于 2019 年的立案数。同时，从 2016 年开始，我国《刑法修正案（九）》颁布生效，新增了许多热点罪名，但公安机关立案数却呈现下降趋势。再如，2011 年，《刑法修正案（八）》将"醉驾"纳入刑事处罚的范畴，引发理论界极大的争议，引发学界对犯罪圈过分扩张的担忧。但从数据看，2011 年至 2014 年公安机关刑事立案数的

---

① 2020 年新冠疫情暴发，公安机关、司法机关立案数量均大幅下降，为保证数据的匹配性，选择疫情以前的数据。

增长是比较平缓的,并未出现大幅激增的情况。

进一步分析人民检察院批捕和决定逮捕的犯罪嫌疑人数,情况则更为复杂。人民检察院批准和决定逮捕的犯罪嫌疑人在2019年达到一个峰值,和公安机关刑事立案的数量没有呈现出正相关的关系。根据《刑事诉讼法》的规定,逮捕作为最为严厉的刑事强制措施,其运用的最核心条件是有可能判处徒刑以上刑罚。统计数据直观地反映被逮捕人数起伏不定的发展特点,说明了我国现实社会中,犯罪内部重罪轻罪比例动态变化的复杂态势。以2019年为例,公安机关刑事立案人数为4862443人,人民检察院批捕和决定逮捕的犯罪嫌疑人数为1088490人,二者相差4.46倍。在我们研究犯罪圈扩大化的特征时,这也是值得关注的事实。

人民法院审理刑事一审案件收案数大体呈线性增长趋势。一审收案数意味着对犯罪的侦查工作已经完成,犯罪嫌疑人变成了被告人,是否成为真正的罪犯只需要法院审理这最后一个环节。从数据上看,人民法院审理刑事一审案件收案数明显多于人民检察院批捕和决定逮捕的案件数,却小于公安机关刑事立案人数。这说明犯罪化的生成路径不独刑事判决一途,这也意味犯罪化可以在立法和司法两个层面生成。

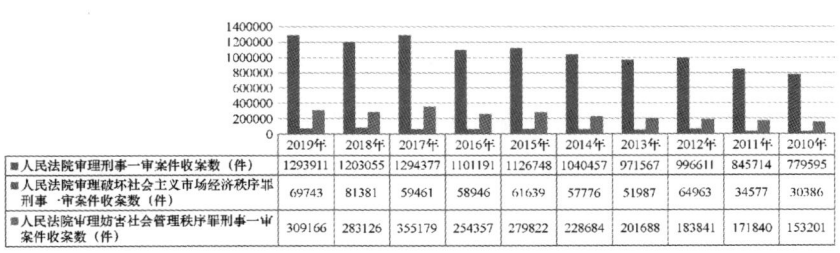

图1-3 人民法院办理特定刑事案件统计

我们进一步缩小视角,通过破坏社会主义市场经济秩序罪和妨害社会管理秩序罪两项统计数据来进一步观察现实犯罪的动态特征。

破坏社会主义市场经济秩序罪和妨害社会管理秩序罪分别规定于《刑法》第三章和第六章，两个类罪共计法条161条，在刑法分则349个条文中占比46.1%，从条文比例来看，这两个类罪的罪名数几乎占据了我国刑法总罪名数的一半。但从统计数据看，这类罪在人民法院审理的刑事一审案件中所占比例却很少，以2014年为例，两类罪的一审案件所占比例不过27.5%左右，和其在刑法条文中的比重明显不匹配。此外，这两类罪在历次刑法修正案中多次成为"重点观照对象"，修法过程中增加的罪名也多集中在这两大类罪名中。例如，《刑法修正案（五）》和《刑法修正案（六）》修正或新增了违规披露、不披露重要信息罪，背信损害上市公司利益罪，骗取贷款、票据承兑、金融票证罪，背信运用受托财产罪等一系列罪名。而《刑法修正案（九）》新增的组织考试作弊罪更是一"罪"激起千层浪，引发了法学界乃至社会各界的激烈争论。与规范和理论层面热烈参与的局面形成鲜明对比的是，这些热点罪名在事实意义上的犯罪中所占比例并不高，我国犯罪的实际图景似乎并没有映射于理论讨论的焦点中。这种情况在《刑法修正案（十一）》中也有体现。新增的冒名顶替罪、高空抛物罪等"焦点"罪名并没有带来我国犯罪圈的实际增长，2021年的妨害社会管理秩序罪一审收案数是小于没有《刑法修正案（十一）》的2017年的。

我们再择取另一组犯罪统计数据来审视犯罪化的动态特征。抢劫、盗窃和诈骗是社会中较为常见的犯罪行为。通过10年犯罪统计结果看，公安机关立案的盗窃案件在10年间有升有降，总体呈现下降趋势。而更值得关注的数据是诈骗案件和抢劫案件的关系。10年间，抢劫案件从237258件减少至17106件，下降率高达92.79%。而诈骗案件则逐年上涨，且案件数量远远大于抢劫案件数量。从2010年到2019年，诈骗案件数量增长了约2.1倍。纵观10年间的刑事修法，这两个罪名并无大规模（相比于破坏社会主义经济秩序

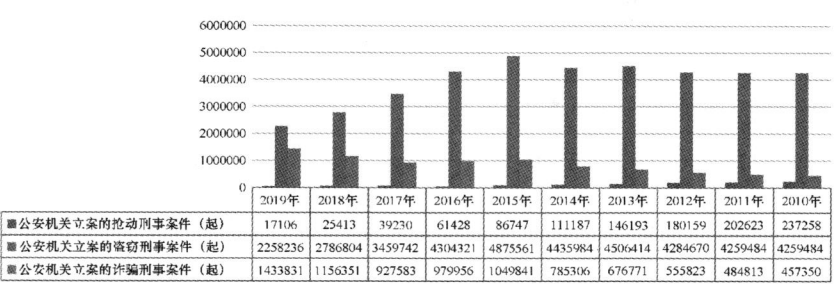

图 1-4 公安机关办理特定刑事案件统计

罪或妨害社会管理罪等罪名的修正而言）的扩大抑或限缩犯罪认定的修法举动。理论上，两罪的犯罪构成也没有发生质的变化，而事实位面的犯罪化却已经"天翻地覆"。从抢劫罪的发展变化看，在犯罪扩大化的总体趋势下，该罪名却事实地减少了。盗窃罪则是波浪式的发展，而诈骗罪则是整体大幅增长，且增长的幅度大于犯罪人数的增长。

结合图 1-3 的统计数据，我们似乎可以得出一个略显尴尬的结论：规范法学的研究焦点和事实样态的犯罪化之间存在着明显的疏离。这种疏离反映在三个方面。

一是我国犯罪化虽然总体呈扩大趋势，但增长方式是波浪式的递进而非线性增长，这和规范位面的犯罪认定的增长方式明显不同。规范法学的研究焦点集中于犯罪化的线性增长，每每将批评重心放置于刑事立法的新增罪名上，对司法过程中的犯罪化却"视而不见"。这意味着犯罪化在规范和事实之间尚未完全建立起完整的逻辑链，其中必有一些重要的因果关系未曾被学界所关注。

二是规范法学研究范式静态性和犯罪化的动态性之间存在疏离。历次刑事修正都能形成规范法学界的理论争点。学者们投入大量精力解答犯罪化的诸多问题。但事实位面的犯罪化的动态变化却不能真正反映在学者们的讨论中。例如，统计数据反映的诈骗罪和抢劫罪的变化在规范法学围绕刑法修正的各种探讨中均不见踪影。而学者们深入研究的一些罪名在现实中却未必在犯罪化中占据主流。如果将犯罪划分为破坏社会主义市场经济罪、抢劫罪、盗窃罪等子项，那么，我们将会发现规范法学的研究和事实样态的犯罪扩大化之间的疏离将更为明显，犯罪认定在立法乃至学理上的焦点议题在犯罪圈的实际呈现中往往却不占重要地位。

三是规范法学研究的内在动力和事实样态犯罪化的发生存在着紧张关系。如果刑事立法或司法解释不进行犯罪扩大化的操作，那么相应的罪名就很难反映在规范法学的研究视域中。例如，上文统计的诈骗罪扩大化的情况，晚近的刑事修正并未涉及诈骗罪的构成要件，诈骗罪的入罪门槛并未降低，规范法学不会将研究精力集中于该罪名。但统计数据清晰地反映出诈骗罪扩大化的趋势，而且其扩大化的烈度远远大于其他罪名。如果再结合社会公众的"体感治安"，近几年电信诈骗案件屡屡见诸报端等情况，诈骗罪的认定不断扩大的原因十分值得探讨，但这已经超出了规范法学研究范式的学科界限。

二 规范法学研究犯罪扩大化的局限性

从统计数据看，我国的犯罪化不仅仅是一种规范意义上的立法和司法活动，还是一种实然的社会现象。我国刑事犯罪总人数逐年上涨已然是不争的事实，因此我们不能否认犯罪扩大化这一客观现象。围绕犯罪化，学者们的研究和探讨不可谓不深刻，其中诸多见解甚至直切要害。但规范法学所产出的知识产品因学科范式的限制确实难以供给犯罪扩大化各种问题的现实需要。进一步思考我们会发现：在刑法学范式内的研究进路缺乏一条"回归路径"——犯罪既是规范的，亦是事实的，犯罪化既是规范的，亦是事实的。作为学者们思考和解剖对象的犯罪行为是一种客观真实，以各种犯罪行为集群的犯罪化诸问题的理论演进最终却只回归于规范层面，而未能再回归于作为一种社会客观现象的犯罪行为本身。从规范到规范的研究进路所提供的知识未能映射于事实意义上的犯罪化。

我们回顾上述刑法学论域内的各种讨论，可以清晰地看到"回归路径"缺失带来的种种不足。例如，有学者基于刑法教义维度分析《刑法修正案（九）》种种弊端的证成进路中，其批判的"现象立法"的理论要点就颇有值得追问的价值。任何立法——无论是刑事法规还是民商事规范、无论是国家基本法规还是部门规章——都是针对社会现象的立法，没有社会现象，法律就会丢失塑造自身的目标，失去存在的意义。所以，问题的关键在于针对什么样现象应当立什么样的法。再如，有学者因每年"两会"人大代表提案环节出现的各种"业余"罪名而对犯罪扩大化的正当性提出了质疑。社会中出现了天价过路费案，"两会"上有代表提出应增设偷逃收费公路通行费罪。[①] 有人大代表因现实中生效的民事裁判文书得不到执行成为"法律白条"便建议增设"债务人拒不申报财产罪"和"债务人不如实申报财产罪"。[②] 还有人大代表建议刑法"应当把教唆贿赂行为单独规定为犯罪"。[③] 甚至有代表建议增加"暴行罪"，只要施以暴力，即使没有产生特定的伤害结果，也构成犯罪。[④] 这些提议新增的罪名在专业学者看来的确是"啼笑皆非"。但部分人大代表提议罪名设置的业余不等于犯罪化就没有必要性，关键在于如何正确犯罪化。上述人大代表提议的罪名设置方案在刑法理论看来的确是

---

① 参见唐姗姗《张少康代表建议刑法增设偷逃收费公路通行费罪》，《检察日报》2010年3月9日第3版。
② 参见徐日丹、徐伯黎《袁汉民委员：建议刑法增设"债务人拒不申报财产罪"》，《检察日报》2011年3月7日第3版。
③ 严夏晖：《刑法宜单独设立教唆贿赂罪》，《检察日报》2007年8月14日第3版。
④ 邹云翔：《刑法没有暴行罪 壮了施暴者的胆》，《检察日报》2005年7月27日第3版。

"不可理喻"的,① 但这些提议背后所反映的行为或现象是客观存在的,从社会治理的角度看,有些行为如果不能犯罪化,那么该如何处置并不是一个可以忽视的问题。

犯罪化的事实样态需要的是一种从事实出发再回归事实的研究范式。而规范法学在研究范式上缺乏"回归"事实层的路径,由此带来的逻辑困境是:犯罪行为属于法律行为的一种,法律行为是犯罪行为的上位概念。而法律行为又是行为的一种,行为是法律行为的上位概念。从概念的种属关系看,准确界定犯罪行为,应先明确法律行为;要明确法律行为,应先合理定义"行为"。而作为一个法学概念的"行为"必须从千千万万的可观察的、实际存在的行为中抽象出来并逻辑地构造,对这些具体行为的研究是科学定义"行为"概念所必需的且最为基础的工作,而这在规范层面的研究中恰恰又是最被忽视的一部分。根据罪刑法定原则,犯罪行为是一种违反刑法规范的行为。立法者通过刑法规范确认了的行为才能进入规范法学的研究视域,这样研究进路最终形成的"从规范到规范"的认知路径,这条路径中,"规范违反"和"适用规范"是核心内容,缺乏对构成这条路径不可或缺的那些数量众多的具体行为的研究。这样的研究范式面对犯罪化扩大的问题存在三个不足。

一是犯罪化正当性实质标准的缺失。形式意义上看,凡是按照《立法法》规定的程序所制定的法律规范均是正当性的。但现实的问题是,在规范法学讨论犯罪化扩大趋势的合理性时,规范所涉诸问题的正当性争议更大。《立法法》赋予立法者更多的是权威性,而非正当性,否则难以回应此行为入刑彼行为不入刑的追问。立法者选择一行为入刑需要进行必要性和合理性的考量,这种考量需要有社会学意义上犯罪化正当性依据。而规范法学从"规范"到"规范"

---

① 例如像所谓的"暴行罪",和现代刑法学理论体系完全相悖,现实中也没有可执行的余地。但针对特定暴行如何处置同样是个值得深思的问题。

的研究范式是难以提供这种正当性依据的。

二是相关论点的证成路径缺乏合理的可证伪标准。规范法学关于犯罪圈扩大化趋势的很多讨论变成了形而上层面的思辨和观念之争。围绕犯罪化扩大趋势是否合理的讨论中，一个常见的论战方式是：批判者认为刑事立法扩大犯罪认定违反了刑法的谦抑性原则，指出刑法谦抑性作为一种原则，其主要功能在于制约立法权的不当扩张。实践中，其他部门法适用后仍然无法惩治严重危害社会的行为时，立法者才能通过制定刑罚规范对该类行为进行规制，这种规制的属性是补充性的。[①] 而肯定论者同样认为刑事立法应当坚持谦抑性原则，只不过认为我国历次刑法修正增设罪名的做法并没有违反刑法谦抑性原则。相反的是，刑法谦抑性原则对刑事立法的限制是十分有限的，而且我国立法模式已经最大限度保障了刑法的谦抑性。[②] 由此，学理上的探讨就进入一个规范逻辑上的死结：犯罪扩大化的批评者和支持论者都认为刑事立法应当坚持谦抑性原则，在谦抑性原则的内容上也没有太大争议。但批评者认为刑事修法不断增设罪名违反了谦抑性原则、而支持者认为没有违反，这样，问题的探讨进路戛然而止，而问题的解决方案却远远没有到来。是否违反谦抑性变成了千人千面的命题而难以建立证伪体系，谦抑性本身存在的意义消解于研究者形而上的争论中。可以想见，围绕刑事修法扩大犯罪认定是否有违谦抑原则的争论在下一轮的刑事修法中仍然会产生且难以在不同的论者中取得统一。

三是相关论证提供的是学科依据而非科学依据。不仅是自然科学中需要建立统一的"度量衡"的标准，社会科学领域的研究活动在某种程度上更需要一种"可视化"标准，而这在规范法学的讨论

[①] 参见刘宪权《刑事立法应力戒情绪——以〈刑法修正案（九）〉为视角》，《法学评论》2016年第1期。

[②] 周光权：《积极刑法观在中国的确立》，《法学研究》2016年第4期。

中却往往难以得到重视。例如，有学者指出刑法修正案扩大了国家刑罚权，导致了国家司法资源不合理配置、削弱了刑法的公众认同、阻碍了社会创新。① 针对这一结论，我们可以提出一系列追问：国家司法资源合理配置的标准是什么？依据什么得出"国家司法资源不合理配置"的结论？具体哪一种司法资源已经不合理配置？这种不合理配置和修正案新增的若干罪名内在的因果关系何在？再进一步追问"削弱刑法公众认同"具体体现在哪里？倘若真如该论者所言修正案增设罪名后，公众刑法认同削弱了，那么这是不是意味着没有修正的刑法公众认同更高呢？有没有统计学意义上研究证明公众对刑法修正前后的认同感呢？该论者的论证言语中并没有就这些问题提供进一步的论据。这样的结论对认识犯罪扩大化是没有现实意义的。

规范法学在犯罪化问题上呈现的局限性不等于说规范法学的研究进路是错误的，问题的症结在于作为研究对象的犯罪化所具有属性不限于规范法学视域。犯罪化不仅仅是一种规范活动，不仅仅是刑事立法上增加一个罪名或者降低入罪门槛。犯罪化同时也是一个社会事实。可以说，犯罪化扩大是社会问题映射于刑事法制的缩影，犯罪扩大化需要的不仅是规范法学意义上的解读，从社会现实出发，以犯罪学的学科范式作为理论工具，考察事实意义上的犯罪化，我们才能全面认识犯罪化以及其正当性建构的进路。

第三节 规范与事实：犯罪化的全景面相

10 余年前，有学者主张，"我国将来宜在刑法典中增加背任罪，

---

① 何荣功：《社会治理"过度刑法化"的法哲学批判》，《中外法学》2015 年第 2 期。

强制罪，业务上过失致死伤罪，制作虚假公文、证件罪，同时可以删除被这些传统犯罪涵涉的具体犯罪。此外，刑法还应当增设旧中国刑法典与国外刑法典几乎普遍规定了的传统犯罪，如暴行罪、胁迫罪、泄露他人秘密罪、侵夺不动产罪、公然猥亵罪、非法发行彩票罪、伪造私文书罪、使用伪造变造的文书罪、盗掘坟墓罪、毁坏尸体罪等，以维护刑法的稳定性与正义性。"[1] 现在我们回看这一主张，诸如"背任罪""制作虚假公文罪""泄露他人秘密罪"在刑事修法中均有了不同体现。[2] 毫无疑问，犯罪化不断扩大已然成为刑事法制的主流趋势，也是我国晚近10余年刑事法制运作的客观现象。

一 犯罪化的二重性和共同的价值目标

（一）犯罪化的二重性

布莱克法律英语辞典就犯罪化有两个解释，一是：The act or an instance of making a previously lawful act criminal, usu. by passing a statute；二是：The process by which a person develops into a criminal。[3] 第一个定义的切入点显然是刑事立法的视角，此时的"犯罪化"是一个结果，而不是一个过程。第二个切入点的关键是"process"和"develops into criminal"。作为一种过程，犯罪化是事实的、社会的，这种犯罪化是犯罪学的研究对象。

进一步看，在刑事立法中被"犯罪化"的行为均是现实中存在的事实行为，立法者不可能在法条中去设定一个不存在的行为作为犯罪。之所以将以前不是犯罪但已经存在的行为规定为犯罪，最直接的原因就是立法者认为这些行为只有运用刑罚措施才能有效治理，

---

[1] 张明楷：《刑事立法的发展方向》，《中国法学》2006年第4期。
[2] 当然立法上不一定和学者构想的罪名一模一样，但所针对的具有法益侵害性的行为样态是一致的。
[3] Bryan A. Garner ed., *Black's Law Dictionary*, Thomson Reuters, 2014.

最直接的结果是现实中犯罪数量开始增长。作为刑事立法扩张犯罪化基础的各种行为可以分为两种,一种是原本就已经存在但没有被确认为犯罪的行为,一种是新出现的行为类型被认为犯罪。前者诸如危险驾驶罪中的醉酒驾驶行为,后者如拒不履行信息网络安全义务罪,不履行信息网络安全义务只有在信息网络普及的今日才可能发生。如果社会生活中的各种行为可以量化,我们就会发现现实中具有社会危害性的行为和立法上的犯罪行为之间在量比上存在差异,如上文数据统计所反映的,立法上频繁扩张的犯罪类型,在现实中并不一定占多数,而现实中大量发生的犯罪行为又未必是刑事立法扩张犯罪化关注的焦点和动因。由是观之,犯罪化在规范和事实位面有着不同的建构逻辑。

犯罪化具有规范和事实上的二重性,二者存在着互相对立的关系。事实上的犯罪行为都具有"反规范性"的,只有违反刑事规范的行为存在,才有规范意义上的犯罪化基础;规范意义上的犯罪都是"反事实性"的,只有反对社会现实中的特定行为,将其犯罪化后,事实意义上的犯罪化才能生成。犯罪化在规范和事实上的二重进路中所存在的两种不同面向意味着解读犯罪化正当性需要不同学科提供理论支持。

规范层面,犯罪化可以表现为立法和司法上的犯罪化。规范意义上的犯罪化遵循的是规范法学建构的基本逻辑。立法上的犯罪化要考虑的是实定法前的实质犯罪化问题,而司法上的犯罪化则是实现实定法上形式犯罪的犯罪化问题。[1] 立法和司法上的犯罪化的基准同样具有规范性,日本学者认为犯罪化的基准是立法及司法上进行犯罪化场合的实质基准,包括必要性和谦抑性原则。[2] 我国学者则认

---

[1] 曲伶俐:《论犯罪化基准论纲》,《法学论坛》2009年第3期。
[2] [日]大谷实:《刑事政策学》,黎宏译,法律出版社2000年版。

为，犯罪化需要遵循的基准是必要性、可行性和统一性原则。① 无论立论视角如何，规范意义上的犯罪化都是经过规范"裁剪"的行为，所形成的特征是由裁剪这些行为的规范所决定的。

事实层面，犯罪行为是一种社会事实。事实层面的犯罪化需要的是一种超越规范的理论体系。在犯罪学论域中，事实意义犯罪化所需理论供给有两个支点：一是寻求犯罪实质概念的最大公约数，意即寻找到能够适用于所有犯罪实质概念的共性；二是寻找犯罪发生的真实原因。第一个支点以实质意义上的犯罪概念限制国家刑罚权的功能，塑造了事实意义上犯罪化的实体依据，现实中有社会危害性的行为抑或没有社会危害性的行为是否发生并不依据刑法是否有规定。反过来刑罚权是否能够启动则以事实意义上的犯罪行为作为前提。只有合理塑造事实意义犯罪概念的实质内涵，才能为刑罚措施的运用划定一个合理的范围。第二个支点以犯罪原因为原生性基础，将犯罪化启动和归属紧扣于犯罪发生的真实原因，寻求被犯罪化的诸多行为生成的生物因素、心理因素、社会因素等，为犯罪化提供一种实质性的解释，这种解释立足于犯罪化的合理性。

（二）犯罪化的价值目标

刑事立法的完善并不是去追求一部更完善的刑法，而是提供一种比刑法更智慧地、更人性化地处理犯罪问题的方法。我国晚近20余年9个修正案不断增加罪名的修法目的显然也是在寻找一种满足适应治理犯罪之需的刑事法律制度，犯罪化本身不是犯罪化的根本目的和价值归属，犯罪化最高的价值标准是通过犯罪化部分行为来实现对大多数行为的非犯罪化。这一价值标准适用于规范和事实层面的犯罪化进程。

从这一价值指引出发，无论是规范还是事实意义上的犯罪化均

---

① 梁根林：《犯罪化及其限制》，《中外法学》1998年第3期。

有一个可以"收纳"犯罪化进程各种价值诉求的归属点,这个归属点可以表述为犯罪化的正当性依据。

二 规范位面的犯罪化

刑法学确立犯罪化定义的出发点和归属点都是刑法规范。"犯罪化一般是指把以前不是犯罪的行为作为刑法制裁的犯罪行为。"① 相似的概念还有:所谓犯罪化是指将不是犯罪的行为在法律上作为犯罪,使其成为刑事制裁的对象,它包括立法上的犯罪化和刑罚法规解释适用上的犯罪化。② 另有论者认为,"犯罪化从技术角度讲,指通过立法或司法判例,将某行为作为法律上的犯罪行为,以便运用刑罚进行惩罚的活动。"③ 毫无疑问,犯罪和刑罚是刑事法制和刑法学科两个永恒不变的主题,罪刑相适应是刑法的基本原则,先有罪,后有刑,罪刑相适应的前提是犯罪化的适当展开,行为首先要从客观的、具体的具有社会危害性的行为中抽象出来,再加上犯罪人主观罪过的考量才能被"犯罪化"。刑法学意义上犯罪化在合目的性上离不开量刑适当的考量。从这个意义上讲,犯罪化在刑法学上更体现为一种规范性的结果。这种结果规范意义上的"犯罪"概念为前提,正如有刑法学者认为的那样,"犯罪首先是指符合犯罪全部条件的行为,然后,犯罪必须是符合犯罪客观要件、侵害了某种法益的行为。"④ 犯罪化正是寻找符合这两大特质的过程,寻求的是一个"结果"。从这个视角出发,有学者认为,犯罪化只包括立法上的犯罪化⑤的结论就显得不够全面。犯罪化在立法和司法上都有其存在空间。

---

① 张明楷:《司法上的犯罪化与非犯罪化》,《中国检察官》2009 年第 1 期。
② 参见 [日] 大谷实《犯罪化和非犯罪化》,黎宏译,载陈兴良主编《刑事法评论》(第 6 卷),中国政法大学出版社 2000 年版,第 418 页。
③ 周国文:《刑罚的界限——Joel Feinberg 的"道德界限"与超越》,中国检察出版社 2008 年版,第 12 页。
④ 张明楷:《犯罪定义与犯罪化》,《法学研究》2008 年第 3 期。
⑤ 参见赵秉志《刑法修改中的宏观问题研讨》,《法学研究》1996 年第 3 期。

立法上的犯罪化可以理解为通过刑事立法程序将实质的犯罪规定为法律上的犯罪。① 刑事修法增设罪名就是典型的立法上的犯罪化操作。

司法上的犯罪化，是指在适用刑法时，将迄今为止没有适用刑法作为犯罪处理的行为通过新的解释作为犯罪处理。② 司法上的犯罪化包括变更的解释和取缔方针的变更两种形式。

立法上的犯罪化和司法上犯罪化在量比上成反比关系，当立法上的犯罪化进入活跃期，不断拓展犯罪化时空范畴时，司法上的犯罪化就会相对沉寂，因为此时司法机关没有太多解释刑法条文语词的空间，无论是变更的解释还是取缔变更，运作空间都会因刑事立法上犯罪化的扩张而限缩其适用空间。反之，如果刑事立法相对静止，则司法机关犯罪化扩大或限缩就有了更多的余地。从我国立法实践看，刑事立法已然进入活跃期，我国犯罪扩大化趋势更多地体现于刑事立法层面。刑事立法层面犯罪化操作是将实质意义上的犯罪变为法律上的犯罪，其犯罪化正当性的核心问题均围绕规范性展开，不涉及社会生活中真实的犯罪，规范意义上的犯罪是立法产物，最终只在司法层面运用。而立法"前"的犯罪化则没有也很难进入规范视域。但没有事实意义上犯罪化实质意义的正当性分析，立法上的正当性是难以完整构建的。

三　事实位面的犯罪化

犯罪学将犯罪视为一种社会现象，犯罪化不仅仅是一个"法定的结果"，而且是一个动态发展的社会过程。在刑法没有发现犯罪时，犯罪化就正在发生着。一个行为从一般社会越轨行为逐渐走向犯罪的过程是复杂和多变的，犯罪学所关注的犯罪化是一种事实意

---

① 梁根林：《刑事法网：扩张与限缩》，法律出版社2005年版，第4页。
② 张明楷：《司法上的犯罪化与非犯罪化》，《中国检察官》2009年第1期。

义上的犯罪化。包括行为发生—司法介入—处置结果等环节。

"任何脱离社会的刑法，必将是'无水之鱼''无木之禽'。"[1] 犯罪是一种社会事实，从罪行擅断的中世纪欧洲到罪刑法定的当代中国，社会需要一直是刑事立法犯罪化的根本动力。从社会需求出发，犯罪化可以从两种不同的思路展开：一是应对社会新型犯罪的侵害，这些新型犯罪往往与社会发展带来的新技术、新行为、新理念有关；另一个是确认社会发展带来的新权利以及新权利主体需要刑法加以保护。[2]

第一种犯罪化进路最为典型的例子是转基因技术的刑事规制。围绕转基因技术的研发、运用有许多的争议，刑事法制如何规制是其中的主要争点之一。风险社会下，转基因技术是人类社会风险边界进一步向未知领域扩展必然结果。对此，各国的刑事法制或积极介入，或消极观望。对转基因技术持审慎态度的德国于1990年颁布了《德国转基因法》，对转基因技术的运用进行了大量的犯罪化操作。诸如，规定行为人违反许可经营基因技术设施的，如果违反已经是犯罪构成要件，则应处一年以下有期徒刑。再如，转基因企业违规释出转基因作物或进行基因改造作物亦须承担刑事责任。[3] 第二条进路典型的例子是我国《刑法修正案（八）》将《刑法》第三百八十八条所规定的"重大环境污染事故罪"修改为"污染环境污染罪"，入罪条件由"造成重大环境污染事故，致使公私财产遭受重大损失或者人身伤亡的严重后果"修正为"严重污染环境的"。并在《关于办理环境污染刑事案件适用法律若干问题的解释》中规定了18种严重污染环境的情形。通过立法和司法上的犯罪化操作，环境

---

[1] 利子平、石聚航：《刑法社会化初论》，《南昌大学学报》（人文社会科学版）2010年第5期。

[2] 周光权：《〈刑法修正案（九）草案〉的若干争议问题》，《法学杂志》2015年第5期。

[3] 参见张丽卿《维护基因改造食品安全刑事法制的评估与建议》，《辅仁法学》2015年第49期。

污染罪入罪门槛较之修正前大为降低。这一修正背后是自然法益独立保护的需求，在人类不断探索自身和生态相处方式的过程中产生的环境理性在逐步影响着刑事立法，环境污染行为侵害的利益不再局限于个人利益。德国政府在讨论环境资源犯罪时曾明确指出，刑事法规所提供的保护措施不能再简单地局限于对人类自身生命健康的保护，还必须同时保护水、空气等生活基础，将这种生态学的保护利益也作为法益加以认识。① 这一论述同样适用于我国刑事修法扩大环境犯罪的举措，正是认识到当代社会具有这样那样的新权利有保护之需，才催生了犯罪化不断扩大的趋势。

事实意义上的犯罪化如同事实意义上的犯罪一样，是一个客观存在的社会现象。犯罪是静止性描述具有社会危害性的各种行为样态的概念，而犯罪化是动态记录一个行为从产生到发展为犯罪，再从某一犯罪发展为其他新的犯罪的概念。如果说在静止的犯罪概念上犯罪学还需要刑法规范予以"确认"的话，那么动态的犯罪化进程则可以视为犯罪学研究的"专属领域"。犯罪化的进程中，只有行为在触及或跨过刑法规范所建立的入罪门槛时，该行为才能进入到规范法学的研究视域。当一个行为主体接受刑罚处置后，他将离开规范法学视域直到他再次触犯刑法规范。在结束刑罚和再次犯罪之间，犯罪学仍然会持续关注其发展变化。因此犯罪化在规范和事实层面最大的不同在于其时空范围存在差异——事实意义上的犯罪化拥有立基于社会物质条件的更为广阔的时空领域。

我们以未成年人犯罪预防为例说明二者差异。《预防未成年人犯罪法》第三十四条规定了大量的未成人实施的严重不良行为，其中包括结伙滋事、传播淫秽物品、参与赌博屡教不改等具有严重社会危害性的行为。这些行为的社会危害性未必比成年人作为实施主体

---

① 参见王世洲《德国环境刑法中污染概念的研究》，《比较法研究》2001年第2期。

来得更小，但刑法规范不会将一个 11 周岁的未成年人所实施的一切行为认定为犯罪，只有当这名 11 周岁的未成年人成长至 15 周岁时，具有相同或近似社会危害性的行为才会进入到刑法规范的视野。此时，犯罪化可以形象地理解为一个"点"——满足刑法规范的入罪标准的主客观条件，满足这些条件，犯罪认定就完成。而在犯罪学看来犯罪化是一个"圈"，可形象理解为由刑法规范确立的犯罪认定标准为核心展开的包括促成行为犯罪化的各种因素和条件在内的同心圆。可以视为犯罪的行为不是在刑法规范发现时才存在的，其发生发展是一个过程，这个过程不是线性的，而是多层次、多维度的。

概括而言，规范法学理解的犯罪扩大化应当是犯罪认定的扩大化，而犯罪学所关注的犯罪化则是一个动态变化的社会现象，在犯罪认定前后均有犯罪化的因素。本书以"犯罪圈"作为犯罪学意义上认知犯罪扩大化的基本概念。犯罪学视域中，犯罪扩大化包括但不限于犯罪认定的扩大化。犯罪学以刑法规范对犯罪的认定为核心，将各种促发犯罪发生发展的因素纳入到一个"圈"内，形成全面的知识体系。本书所用犯罪圈既可以作名词理解，亦可作为动词使用。作为名词，犯罪圈是指包含犯罪认定在内的一切犯罪行为、犯罪主体。作为动词，犯罪圈是一个动态发展的过程。随着社会的发展，一些行为不断被"圈"入犯罪圈，一些行为则被排除在犯罪圈外。犯罪学研究的犯罪扩大化应是犯罪圈的扩大化，所寻求的正当性依据是犯罪圈扩大化的正当性依据。

第四节 犯罪圈——犯罪学意义上犯罪化的理论核心

一 犯罪扩大化事实进路的基础——犯罪圈

从犯罪化规范和事实的不同进路来看，刑事修法外的确有一种动力促成今日之修法态势，这种动力来自中国社会的基本现实。犯罪化的事实样态是我国社会基本现实中的重要内容，也是刑事修法扩大犯罪认定，不断将各种行为犯罪化的一个重要依据。犯罪学作为一种事实学，研究的是作为事实的而非规范的"犯罪"，这种事实位面的犯罪以不同方式集合而成，就是各种层面的犯罪圈。认知事实意义上的犯罪化，需要理解犯罪学意义上的犯罪圈。

有学者将犯罪圈理解为"……刑法所规定的犯罪的界限和范围，在罪刑法定原则下，犯罪圈是区分罪与非罪的界限"[①]。并立足于犯罪圈是由刑法规定的逻辑前提，进一步声称犯罪圈是立法者根据一定的标准对各种社会危险性行为进行选择的过程。这一定义无疑缩小了犯罪圈含义。本书认为，应从事实和经验层面界定犯罪圈，犯罪圈的内涵和外延应在"规范"外，犯罪学学科范式是解读犯罪圈诸问题的最佳理论工具。

二 犯罪圈理论建构的基础——作为一种价值事实的犯罪

犯罪学论域中的犯罪都有社会危害性，犯罪学视角中的社会危害性是一种"事实"。犯罪学论域是这样定义犯罪的："犯罪学中的犯罪行为是指行为人实施的具有严重社会危害性，应当受到严厉处罚的有意识的客观外在活动，是犯罪现象的有机组成部分。"[②] 这一定义明确了社会危害性的中心作用，并以"严重的"加以修饰。其中，"应受处罚"在外延上明显宽于刑法学中强调的"刑罚"。由此展开，犯罪学的关于犯罪研究的理论阈值不限于"犯罪后"的研究——诸如刑法学等学科的研究范式重心在于对已然犯罪的规范性分析——还着眼于"犯罪前"的思考和探索。这样的研究范围主要

---

① 张笑英、谢焱：《动态犯罪圈的完善——以刑法修正案的实体考量为视角》，《法学杂志》2009 年第 3 期。
② 许章润主编：《犯罪学》，法律出版社 2015 年版，第 91 页。

立基于犯罪学研究范式。犯罪学的研究范式中，认识犯罪规律、解释犯罪规律、分析犯罪成因、提出犯罪预防策略的研究进路中不可避免地需要认识犯罪行为的社会危害性。我们不能说任何具有社会危害性的行为都是犯罪行为，但我们可以说世界上不存在一种犯罪行为，能够在不考虑任何历史、社会、地缘等因素的情况下，直接得出该行为具有社会危害性的结论。我们必须承认任何犯罪都是在一定的社会物质条件下、具有特定时空特征的行为。这是犯罪学研究犯罪行为的一个基本逻辑，也是探明犯罪圈扩大化正当性的一个基本逻辑。

  在这个基本逻辑下，对犯罪行为的研究不能忽视各种社会条件的内在联系和客观存在，这些内在联系和客观存在围绕社会危害性展开。犯罪学作为一门综合性的社会科学，可以运用其知识体系和方法论给予社会危害性一种客观的量化标准，也能够认识社会危害性的主观的价值标准。犯罪学对犯罪的认识和研究离不开犯罪的社会危害性。一如贝卡利亚所言，"我们已经看到，什么是衡量犯罪的真正标尺，即犯罪对社会的危害。这是一条显而易见的真理，尽管认识这类明了的真理并不需要借助于象限仪和放大镜且它们的深浅程度都不超出任何中等智力水平的认识范围。"[①] 社会危害性是社会群体"中等智力"水平所能认知的一种客观存在，所谓社会危害性，就是行为对社会的危害，这种危害是社会的某种共识。犯罪学论域中犯罪是一种事实，是人们能直观感受的、未经人为"加工"的事实。刑法中犯罪也是事实，但这种事实产生于人们创设的法律法规，没有刑法规范，就没有刑法学论域中的犯罪，刑法规范不同，刑法论域中犯罪认定的范围、方式也不同。而犯罪学论域中的事实是一种人们"不可选择"的事实。犯罪学中犯罪的本质在于社会危害性，

[①] ［意］贝卡利亚：《论犯罪与刑罚》，黄风译，中国大百科全书出版社1993年版，第67页。

这种危害性一如贝卡利亚所说的"中等智力"即可判断，不需要刑法规范予以确认（当然，这并不排除需要其他法律规范）。这正是作为犯罪学研究对象的犯罪概念的一个核心特征——以社会危害性为理论内核，犯罪学论域中的犯罪是从社会生活中无数具有特定社会危害性的行为抽象而成的学理概念。

因之，犯罪学研究的犯罪行为不是完全依赖犯罪认定生成，但其发展变化又不能完全离开犯罪认定。犯罪认定并不完全认可具有社会危害性的行为进入刑事视域中，而犯罪学视域则更为广阔，在犯罪认定"之前"和"之后"均有犯罪行为的存在。

《刑法》第十三条给出了犯罪立法层面的定义："一切危害国家主权、领土完整和安全，分裂国家、颠覆人民民主专政的政权和推翻社会主义制度，破坏社会秩序和经济秩序，侵犯国有财产或者劳动群众集体所有的财产，侵犯公民私人所有的财产，侵犯公民的人身权利、民主权利和其他权利，以及其他危害社会的行为，依照法律应当受刑罚处罚的，都是犯罪，但是情节显著轻微危害不大的，不认为是犯罪。"有学者从文理解释的角度出发，认为《刑法》第十三条定义了犯罪的两个基本特征：一是社会危害性，二是依照法律应受刑罚处罚性。[1] 在刑法论域进一步对法定犯罪概念做实质性考察，考虑其对刑法犯罪论体系构建作用的话，犯罪的概念还需要具备法益侵犯性和非难可能性，即有责性。[2] 刑法学从学理上将社会危害性做了"封闭性"研究，提升为法益侵害性。日本刑法学家说"刑法的目的是通过保护法益来维持社会秩序。侵害法益的行为无非是对这一目的来说有害的行为，所以，刑法上的有害行为，是侵害

---

[1] 张明楷：《刑法学》，法律出版社2015年版，第88页。
[2] ［日］前田雅英：《刑法总论讲义》，东京大学出版会2006年版，第36页以下，转引自张明楷《刑法学》，法律出版社2015年版，第89页。

法益或威胁法益的行为，所谓社会意义上无价值的行为就是这种行为"①。这一论述的基本思想在我国刑法学界亦有着深远影响。刑法的目的是保护法益，而犯罪正是侵害法益的行为，所以刑法论域中所认识的犯罪必然是侵犯法益的行为。由此，我们可以梳理出这么一条逻辑路径：在犯罪学论域中，有的行为有社会危害性，有的行为没有社会危害性。针对其中有社会危害性的行为，各个部门法做了筛选，一部分有社会危害性的行为进入到民法、行政法论域，作为民法或行政法的评价对象。一部分有社会危害性的行为进入到了刑法论域，作为刑法评价的对象。那么，什么样的有社会危害性的行为属于刑法评价的对象呢？具有法益侵害性的行为是刑法论域收纳为评价对象的标准。刑法论域中，犯罪的本质特征应是法益侵害性。一个行为即便有社会危害性，如果不能通过构成要件的校检，那么，这一行为仍然不被视为具有法益侵害性的行为，未成年人实施的严重不良行为便是此类典型。正如刑法学家所言，"而实质意义以犯罪为违反社会规范之行为，与其他不法行为，未见其有何区别，因犯罪行为以外之不法行为，亦莫非有反社会性之存在。"② 法益侵害性正是刑法"规范化"后的社会危害性，是刑法学论域中对犯罪本质的认识和判定。

犯罪学论域中犯罪是一种社会事实，这种事实的核心内容是社会危害性，故犯罪学论域讨论的社会危害性亦是一种社会事实。社会事实分为科学事实和价值事实两种。③ 其中，科学事实指的是不受认识主体因素影响的、客观的东西，属于客体性现象。科学事实主要存在于自然科学领域，科学事实在认识论中作为一种常用的术语，

---

① ［日］大谷实：《刑法总论》（新版第 2 版），黎宏译，中国人民大学出版社 2009 年版，第 36 页。
② 韩忠谟：《刑法原理》，中国政法大学出版社 2002 年版，第 54 页。
③ 参见李德顺《价值论》，中国人民大学出版社 1987 年版，第 263 页。

所指称的对象一般来说是确定、一致且稳定的。这种认识不涉及各种主体性因素,因此也被社会学家称为无主体认识。[1] 而在价值事实中,认识主体的差异性和多样性实质性地决定事实本身的属性。有社会学家指出,"主体性事实是因主体不同而不同的客观事实。"[2] 这是主体性事实与客体性事实、价值事实与科学事实最大的不同之处。

科学上所说的事实,对于所有人来说,只要客体是一个,事实就是一个,而价值事实则是:"尽管客体是一个,有多少个主体就有多少个事实"[3]。引申开来说,是认识主体赋予了那些可称为价值事实的对象的价值基底,认识主体只会选择他们认为有价值的对象进行研究,研究重点也只是所选择对象中他们认为有价值的部分。

犯罪学论域中的犯罪正是一种常见的价值事实,不同主体的认识取向决定了犯罪不可能不包含特定社会历史条件的内涵。犯罪学论域关心的是事实层面的犯罪的定义,作为一种事实存在的犯罪行为,其社会危害性的事实样态如何。

立基于犯罪是一种价值事实的判断,犯罪学为犯罪圈提供了一个二元融合的理论构型:犯罪行为圈和犯罪人圈。犯罪行为圈的理论构型以"行为"作为构造基石,犯罪行为增加,犯罪圈扩大。犯罪人圈以"罪犯"作为构造基石,罪犯人数增加,犯罪圈扩大。

三 犯罪圈的犯罪学二元构型

(一) 犯罪行为圈的学理构造

如果我们把视野扩大至一个完整的刑事科学体系的话,那么就可以找到犯罪行为在刑法学和犯罪学中的更多共同点。德国学者在

---

[1] 参见王锐生、陈荷清等《社会哲学导论》,人民出版社1994年版,第225页。
[2] 李德顺:《价值论》,中国人民大学出版社1987年版,第264页。
[3] 李德顺:《价值论》,中国人民大学出版社1987年版,第276页。

定义刑事科学的范围时，已经给出了包含刑法学和犯罪学在内的刑事科学定义——"刑事科学是以由犯罪及其防治所决定的整个生活领域为研究对象，故其可以划分为刑法学和犯罪学，前者的研究对象包括实体刑法、刑事诉讼法和行刑法，后者的研究对象则是犯罪的原因、行为人的个性和环境、犯罪被害人和刑事制裁效果等"①。在刑事科学论域中看待犯罪行为，可以找到分属其子项的刑法学和犯罪学所关注的犯罪行为的共性——在这两个论域，认识主体都肯定的犯罪行为应有的属性。对此，我们不难得出的结论是——无论是在刑法学还是犯罪学论域中——犯罪行为必然是包含社会危害性的行为。②

虽然有部分犯罪学者认为犯罪学没必要脱离刑法学另设一个犯罪行为的概念，认为"……最明确的犯罪定义是把犯罪定义为刑法典所禁止的行为"③。这部分学者强调犯罪学没有必要另立犯罪概念，刑事科学中各相邻学科所研究的是同一个犯罪。④ 但是更多的犯罪学家认为，犯罪学不同于刑法学，犯罪学研究的犯罪和刑法学所说的犯罪很难"等而视之"。

德国犯罪学家施奈德对犯罪做了较为全面的概括，从社会学到政治学，再到刑法定义犯罪的维度都包含在了施耐德的犯罪定义体系中。施耐德认为，犯罪可以从以下几个方面定义：天赋人权和伦理定义、社会定义、刑法和社会定义、冲突论定义、心理和社会动

---

① 参见［德］汉斯·海因里希·耶赛克、托马斯·魏根特《德国刑法教科书》，徐久生译，中国法制出版社 2001 年版，第 52 页。

② 近二十多年来，刑法学界有关于犯罪基本概念和犯罪构成理论中是否应摒弃社会危害性的争议。这些争议均是围绕在刑事规范层面，使用进行社会危害性的判断以及犯罪概念是否应包含社会危害性等内容，并不否认刑法中一切犯罪行为都是有社会危害性的行为这一基本认识。

③ ［美］理查德·昆尼等：《新犯罪学》，陈兴良等译，中国国际广播出版社 1988 年版，第 1 页。

④ 参见白建军《关系犯罪学》，中国人民大学出版社 2005 年版，第 8 页。

态的现实主义定义等方面。① 其中，刑法和社会定义中的犯罪行为既具有反社会性，又违反了刑法规定。这一定义精准地概括了犯罪学论域所认知的犯罪行为。由此定义展开的犯罪行为所组建的犯罪圈包含了两个属性："反社会性"和"规范违反性"。反社会性强调犯罪行为中蕴含的社会危险性取向，主要是社会学的评价。规范违反性则由刑法规范提供规范标准、刑法学提供理论支持，从反社会性的行为中择取后，通过犯罪认定生成。进一步展开，犯罪行为圈可以进一步拆分成三个子项：具有反社会性的行为、规范违反性的行为和同时具有反社会性和规范违反性的行为。具体结构如图1-5所示。

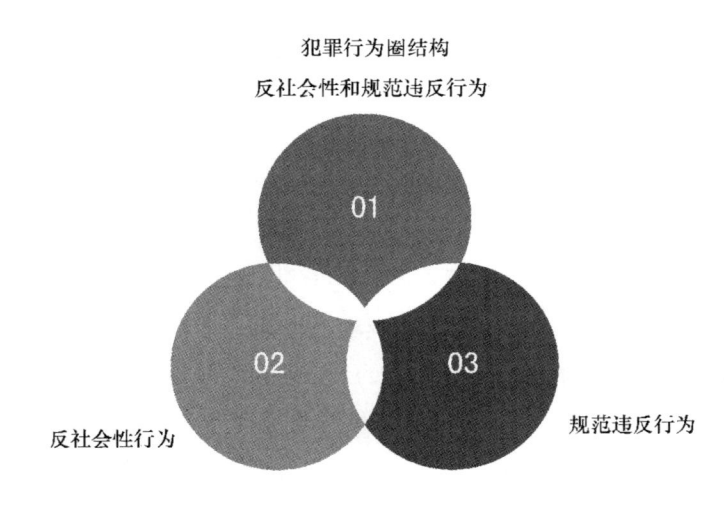

图 1-5　犯罪行为圈结构图

从犯罪学视域来看犯罪行为圈的构造，包括了比刑法学意义上更为广阔的犯罪行为类型。犯罪学上的犯罪行为圈仍然以刑法作为基本依据，但又不局限于刑法的规定，还包括其他部门法所规定的

---

① 参见［德］汉斯·约阿希姆·施奈德《犯罪学》，吴鑫涛、马君玉译，中国人民公安大学出版社1990年版，第73—86页。

违法行为以及社会生活中有可能发展为犯罪的不良行为、一般越轨行为、失范行为等。① 刑法学和犯罪学都研究犯罪行为，但犯罪学是把犯罪作为一种社会现象看待，作为刑法学确定犯罪行为首要依据的刑事违法性，对于犯罪学来说并不是唯一的评价标准。因为犯罪学所构造的犯罪行为圈在时空范畴内都远远大于刑法学意义上的犯罪行为。② 在犯罪学论域的犯罪行为圈中，一般性越轨行为、低于最低刑事责任年龄的少年所实施的具有社会危害性的行为、精神病人实施的具有社会危害性的行为、违反治安管理管理处罚法的行为以及待发现的犯罪行为等都可纳入犯罪圈中。

（二）犯罪人圈的犯罪学构造

犯罪圈的另一个维度是犯罪人圈，意即犯罪圈的主体位面。作为犯罪圈主体范畴，犯罪人圈包括了实施犯罪的犯罪加害人圈和受犯罪侵害的被害人圈。犯罪加害人和犯罪被害人共同构造了犯罪人圈的二元结构。

1. 犯罪人圈的二元结构

犯罪人圈包括了犯罪行为的实施者和犯罪行为的承受者两个方面，并与犯罪学意义上的犯罪行为密切相关。根据上文所展示的犯罪学意义上犯罪行为的逻辑构造，凡是实施了一定程度的社会危害性行为，在结果上或者触犯了某种社会集体情感（迪尔凯姆的定义），或者违反了任何年龄的任何人的两种基于的利他情操（加罗法洛语）的人都可以视为犯罪学意义上的犯罪人。

我国学者给犯罪人的定义是，"实施了违法犯罪行为以及其他严重社会越轨行为，应受法律和道德责罚的自然人"③。这一定义仍然从刑法学和犯罪学的二元关系来界定犯罪人，主要定义了犯罪加害

---

① 参见康树华主编《犯罪学通论》，北京大学出版社1992年版，第92页。
② 参见储槐植《刑事一体化与关系刑法论》，北京大学出版社1997年版，第18页。
③ 许章润主编：《犯罪学》，法律出版社2015年版，第122页。

人。从中我们可以看到，犯罪学意义上的犯罪人不仅包括应受刑事处罚的刑法和刑事诉讼法意义上的犯罪人，[1] 还包括了那些实施了严重违法（但尚未违反刑法）应受刑法以外（例如治安管理处罚）的法律法规处罚或道德谴责的行为主体、诸如刑事责任年龄未达法定标准的未成人犯罪主体、精神病人、已决犯、未决犯等均可视为犯罪学意义上的犯罪加害人。

犯罪被害人则是指犯罪行为所造成的损害结果的承受者。犯罪被害人的研究在犯罪学领域兴起于第二次世界大战之后。被害人可以分为广义和狭义两种类型，狭义的主要是指刑事犯罪的被害人。[2]

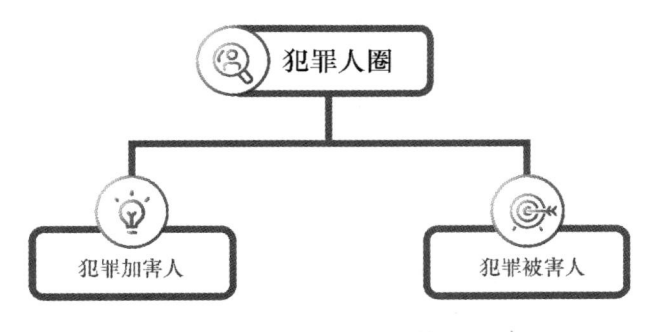

图 1-6 犯罪人圈结构图

需要指出的是，犯罪学意义上的犯罪人圈的本质属性更体现在"加害—被害"的学理结构中。什么的人才能被视为加害人，这和其行为指向的被害人有关；什么样的人才是被害人，这和其承受的加害人行为有关。二者的逻辑联系中，蕴含了犯罪圈扩大或限缩的真实因果关系。

---

[1] 包括实体意义上的犯罪主体、程序法意义上的犯罪嫌疑人、被告人。

[2] 参见 Robert Elias, *The Politics of Victimization: victims, Victimology and Human Rights*, 2 ed., Oxford University, 1996。

2. 犯罪加害人的犯罪学焦点

犯罪学意义上的犯罪加害人在内涵和外延上都远远大于刑法学上犯罪主体的概念。如果从"加害—被害"的学理结构来考察犯罪加害人的内在结构，情形则更为复杂。

当一个 12 岁少年第一次盗窃了他人 2000 元的财物时，无论是司法机关还是刑法学家，都不会有人考虑或实际地对该少年的行为进行犯罪认定。当这名少年在 25 岁时盗窃了他人 2000 元的财物时，规范层面的犯罪认定才可能发生，此时由犯罪认定而生成的犯罪圈才会相应地发生变化。从犯罪学的研究范式来看，这名 12 岁少年第一次盗窃他人 2000 元的财物时，犯罪圈已然发生了变化。从"加害—被害"的关系看，有人实施了盗窃他人财物的行为，必然有人损失了被盗窃的财物，虽然刑事立法上 12 岁的少年不会因盗窃 2000 元而被认定为犯罪主体，但犯罪学从被害人的角度看，无论被害人的 2000 元是被 12 岁的少年还是 20 岁的青年盗窃的，其被害结果是一样的，财产所有权已然被破坏。进一步看，如果这名 12 岁的少年盗窃他人 10000 元的事实没被侦查机关发现，其本人也未主动自首，那么同样不会发生犯罪认定的情形。而此时，犯罪学的研究仍然不会缺席。通过对被害人的实证性调查，犯罪学者可以对犯罪数量形成统计学意义上结论，从而掌握犯罪圈真实的动态变化。

从上例我们可以看到，犯罪学研究旨趣所聚焦的是一种事实上的犯罪加害人，这种加害人放在"加害—被害"的结构中加以检视。犯罪学检视犯罪加害人的理论焦点主要集中在三个方面：一是建构加害人的知识基础，包括其生物学特征、心理学特征、生活的地理空间等。二是在加害人的知识基础上，寻求加害人实施犯罪行为的真实因果关系，这种真实因果关系的寻找中，离不开被害人维度的参与。三是针对加害人实施加害行为的所造的各种负面结果提出治理对策，包括综合的犯罪预防措施、恢复性司法等。

犯罪加害人圈的犯罪学构造如图 1-7 所示。

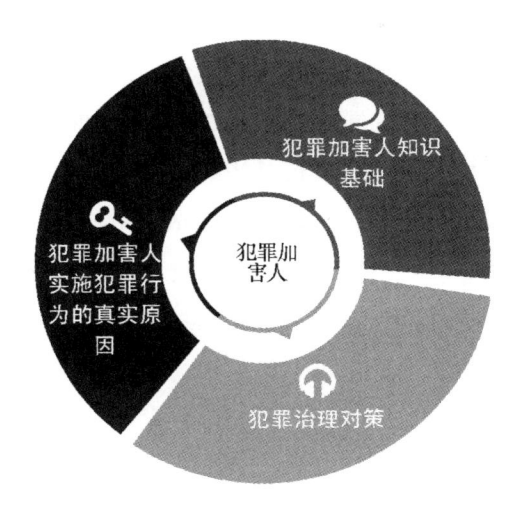

图 1-7 犯罪加害人圈结构图

在上述三个理论焦点中，探索犯罪人实施犯罪行为的真实因果关系是犯罪学最为核心的学科任务。犯罪人实施犯罪行为的真实原因的探索可以解决犯罪化正当性追问的一系列问题。同时，能够整合犯罪学关于犯罪原因、犯罪规律等一些宏观命题所积累的知识体系。

3. 犯罪被害人的理论焦点

从学理上看，刑法学的犯罪论中未见被害人的规范地位，刑事实体法条文中未见被害人的规范概念，学界研究也不深入，倒是刑事诉讼法给予了被害人诉讼当事人的法律地位。被害人在犯罪学论域中亦是一个十分重要的概念，是研究犯罪人圈的一个重要维度。犯罪学中被害人的定义是指"犯罪行为所造成的损失或损害即危害结果的担受者"[①]。犯罪学上的被害人外延很广，除去自然人外，亦

---

① 许章润主编：《犯罪学》，法律出版社 2015 年版，第 123 页。

包括法人、一定条件下的国家、抽象的制度、信仰乃至社会整体本身。犯罪学把犯罪行为视为一种互动，所谓犯罪互动，是指在犯罪实施过程中客观存在于加害人与被害人之间的相互影响和作用的现象。简言之，犯罪互动就是指加害人和被害人之间的互动。① 从犯罪互动关系出发，被害人不再仅仅是犯罪的一个对象，也是积极的参与者。美国犯罪学家安德鲁·卡曼（Andrew Karmen）这样描绘"加害—被害"关系："因虐待、折磨、破坏、寄生和不公平而导致的人际关系的不对称状态"②。在这种不对称状态中，被害人处于弱势地位。被害人承受的生理或心理上的痛苦、被害人在困境中做出的各种反应、被害人和加害人相互作用、他者（如侦查人员、审判人员、记者、社会救助组织等）均是研究被害人所要关注的内容。其中作为犯罪学理论焦点的问题是被害人和加害人之间的互动关系。一如德国犯罪学家冯·亨蒂希（Hans Von Hentig）说，"从某种意义上说，被害人塑造和造就了犯罪人。"③

第五节　犯罪圈扩大化正当性的内在结构分析

立基于事实层面犯罪圈所建构的正当性依据有着不同于规范法学上的内在结构。从犯罪圈的二元结构来看，在其扩大化的进路中，正当性依据既有规范层面的要求，亦离不开事实层面的各种实质性因素。概括来说，我们可以将犯罪圈扩大化的正当性分解为权威性、合理性和有效性。

---

① 白建军：《关系犯罪学》，中国人民大学出版社2014年版，第161页。
② [美]安德鲁·卡曼：《犯罪被害人学导论》（第六版），李伟等译，北京大学出版社2010年版，第2页。
③ 参见吴宗宪《西方犯罪学史（第二版）》（第二卷），中国人民公安大学出版社2010年版，第607页。

一 权威性——犯罪化正当性依据规范意义上的理论基质

从规范法学的角度看，刑法规则如同其他法律法规一样，可以作为一个社会共同生活的规则。刑法规范必须是一个凌驾于所有规范之上的体系，刑法规范将行为犯罪化，不需要征求每一个人的意见（实际上也不可能征求）。一个行为是否有社会危害性或者说有多大的危害性可以寻求千人千面的答案，但一个行为是否具有法益侵害性，则必须由刑法规范来明确。换言之，刑法规定为犯罪的行为才能视为具有法益侵害性的行为。这是犯罪化正当性原则第一个理论内核——权威性。只有权威的刑法才能赋予一个行为被犯罪化的正当性基础，没有这个基础，任何犯罪化行为均无从谈起。犯罪化正当性原则的权威性和罪刑法定原则相关联，是犯罪化正当性原则理论内核的首要因素。

刑法规范之外，我们还可以在刑法哲学领域就犯罪化的正当性进一步展开追问。立法者可以强调法律效力来源的自洽性和绝对性，认为形式意义上的合法性就是法律合法性问题的全部内容。但经验层面的各种事实一再提醒人们，注意法律权威如果仅仅求证于自身，时时都有成为暴政的可能。[1] 在道德哲学的语境中，法律的权威性是无法在经验层面寻求自洽性的。因此，法律仅仅具备形式上的合法性是不够的。拉德布鲁赫在谈及法律的二律背反时曾指出，"正义和合目的性为一方，法的安定性为另一方，两方处于矛盾之中"[2]。刑事立法的权威性赋予了犯罪化安定性的品质，但"安定"后的犯罪行为，在司法实践或理论探讨中往往却不得安定。晚近我国刑事立法犯罪化进程在社会公众和法学专家之间争议不断背后的原因正在

---

[1] [德] 阿图尔·考夫曼：《法律哲学》（第二版），刘幸义等译，法律出版社2011年版，第312页。

[2] [德] G.拉德布鲁赫：《法哲学》，王朴译，法律出版社2005年版，第75页。

于此,这也昭告从事实层面进行学理探讨的必要性。犯罪圈扩大化的正当性以犯罪认定的权威性为核心,无论是未成年人实施的严重不良行为,还是一般越轨行为,最终发展成犯罪行为均需要权威的刑法规范予以认定。犯罪学寻求犯罪圈扩大化正当性依据的过程中,必然包含能够为刑法规范确认的内容。因此犯罪圈扩大化的正当性离不开权威性。但与此同时,权威性外的合理性和有效性之于犯罪圈扩大化这一社会现象而言具有更为重要的意义。正如上文所言,仅权威性是难以全面赋予犯罪圈扩大化正当性基础的。

二 合理性——犯罪化正当性事实意义上的本质属性

犯罪化必须具有合理性。在规范法学层面,合目的性在某种程度上就等于合理性。而犯罪学所需要的现实意义上的合理性就复杂得多。必须承认,即使是作为一门综合性社会科学的犯罪学仍然不能全面且充分地构建犯罪化正当性在合理性层面的全部知识体系。科学和理性在特定时空条件下都是有限的,科学的进步会轻而易举地摧毁某一历史时期犯罪学研究所提供的犯罪化的正当性依据。例如,龙勃罗梭的天生犯罪人理论现在仅仅具有作为一种学术传承的意义,而不再能够指导实践活动。科学和理性不能解决一切关于合理性的问题。但我们如果将事实学意义上的合理性和犯罪圈扩大化的正当性要求相结合,则合理性之于犯罪圈扩大化的意义就会十分明确。

首先,合理性可以从犯罪化执行的有效性中寻找结合点。刑事立法犯罪化一个行为的操作之所以具有合理性的实质因素不是该行为能够为刑法所规定,而是要明确确立犯罪化的刑法规范能够事实地被有效执行。犯罪化"躺在"条文中不是有效性的体现,必须具体作用于社会、集体或个人。那么,此时犯罪学为犯罪化合理性提供的知识结构就有了聚焦点。犯罪原因的知识体系可以为犯罪化合理性提供某种前瞻性批评标准,而犯罪预防策略可以作为犯罪化是其次，合理性可以为犯罪化执行的权威性提供依据。当一个行为被犯罪化后，意味着该犯罪行为的主体有可能面临着刑事处罚，而刑罚的权威性来自国家地权力，准确地说，是国家刑事立法权。同时，这种权威性也来自国家处罚是犯罪者所应得的这一基本的社会伦理。前文有述，仅仅考虑国家立法权本身尚不足以支撑犯罪化正当性全部内容，这也正是为什么我国晚近刑事修法不断引发争议的原因。在国家刑事立法权的权威之外，一个行为是否"值得"犯罪化的社会伦理和道德价值观同样有着重要的影响——在某些时刻会影响到刑事立法本身的取向。此时，犯罪学关于合理性的知识供给就能够确保犯罪圈化正当性拥有更为全面的依据。犯罪化进路拥有的合理性越多，相应的犯罪化举措的正当性基础就越坚实。

三　有效性——犯罪化正当性规范与事实属性的链接点

提及有效性，似乎不免其中的功利性考量。犯罪化正当性原则需要有效性作为其正当性理论的必备内容。如果对某一行为的犯罪化操作不但不能限制具有社会危害性的行为发生，反而助长犯罪行为的滋生，那么人们是很难用"正当性"来描述这种犯罪化操作的。历史学和社会学意义上的有效性理论可以分解为权力理论（Machteorie）和承认理论（Anerkennungstheorie）两个部分。① 权力理论认为，法律必须是有效的，因为法律是有一个能够使得它（法律）得以实施的权力来保障的。承认理论认为，法律的有效性建立在法律对象（社会、个人、单位）的承认之上。违反法律，并不代表对法律规范所蕴含的内在价值的全盘否认。盗窃他人财物是对《刑法》第二百六十四条的违反，盗窃后持有财物则意味着盗窃者认可《民

---

① ［德］马克斯·韦伯：《经济与社会》，阎克文译，上海世纪出版集团2010年版，第1079—1081页。

法通则》第七十一条的规定（当然，这一行为同时也违反了《民法通则》第七十二条），承认对公民财产的保护措施。根据权力理论和承认理论，犯罪化正当性体系中有效性因子可以在规范和事实两个层面存在。从权力理论的角度看，有效性是规范层面关于犯罪化正当性的要求，从承认理论看，有效性是事实层面关于犯罪化正当性的要求。

犯罪圈扩大化的有效性不仅仅反映为统计数据中某种犯罪数量上的显著下降。从承认理论展开，事实意义上的犯罪圈扩大化是否具备有效性应表现为犯罪的有效治理。上文有述，犯罪化根本的价值目标不是为了更好地实施犯罪化，而是通过犯罪化部分行为实现对更多行为的非犯罪化。犯罪圈扩大化是否有效，关键看是否能够在社会生活中获得广泛的承认，这种承认是以犯罪有效治理为前提的。

四 犯罪圈扩大化正当性的犯罪学知识供给

犯罪化正当性的内在结构可以分为权威性、有效性和合理性，这些属性在犯罪学的理论体系中均有相应的知识体系予以支撑。权威性更多的是规范层面犯罪认定所需要的属性，事实层面的犯罪化的正当性依据则以合理性和有效性为支撑。犯罪化正当性在犯罪学视域中表现为犯罪圈扩大化的正当性，本书着重论证的主题是犯罪圈扩大化正当性所需要的犯罪学知识供给。主要涉及正当性依据中的合理性和有效性因子。

合理性方面。犯罪学犯罪圈扩大化正当性提供的理论支持主要是犯罪原因和犯罪被害人学两个知识板块。从犯罪原因出发，一个合理的犯罪化操作必然需要一个合理的犯罪原因。犯罪学关于犯罪原因的知识是犯罪圈扩大化正当性依据中最为重要的合理性因子。而从被害人视角切入，则能为犯罪化合理性提供一种犯罪学独有的标准，被害人可以成为犯罪化合理性标准的刻度。犯罪圈扩大化的价值目标中蕴含着非犯罪化的因素，从被害人的利益关切来看，只有能够减少被害人的犯罪圈扩大化操作才是合理的，才是能够获得正当性评价的。

有效性方面。犯罪学可以提供关于刑事政策和犯罪治理的知识板块。刑事政策是犯罪圈扩大化有效性的政策性工具，有效执行刑事政策能够确保犯罪圈扩大化进程的有效性。犯罪治理是犯罪圈扩大化的有效性的评判标准，有效的犯罪圈扩大化进程应当带来有效的犯罪治理效果。需要进一步说明的是，有效性是规范法学和犯罪学共有的关于正当性依据的属性，我们从刑事政策和犯罪治理角度讨论犯罪圈扩大化时仍然需要结合规范法学的部分内容。

我们可以将犯罪圈扩大化正当性中合理性因子和有效性因子对应犯罪学所能提供的四个知识平台梳理出如下关系图。

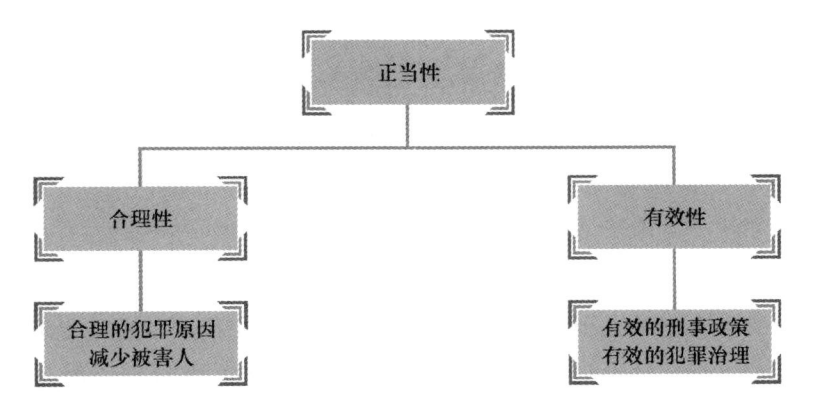

图 1-8 犯罪圈扩大化的内在结构图

第二章
犯罪原因：犯罪圈扩大化正当性的原生性基础

　　犯罪原因和犯罪圈扩大化正当性原则之间的逻辑关系最为朴素的表达就是：当人们要把一个行为予以犯罪化处理时，我们总需要为犯罪化找到一个合理的原因。如果犯罪化是必须选择的行为，人们当然有理由要求为这种选择提供一个合理的原因。毕竟，当社会生活中某一个行为被视为犯罪时，每一个潜在的人都有可能成为犯罪人。或者从被害人视角考虑，当一个人被特定行为侵犯了其人身、财产等权益时，国家予以其民事的还是刑事的保护策略对被害人来说显得尤为重要。犯罪圈扩大化的正当性依据放置于国家的社会治理体系中考察时，关乎的不仅仅是刑事立法法制，还涉及一个国家法治化进程中的方方面面。

　　作为一种社会现象，犯罪在特定社会历史条件下的产生和存在都是必然的。这种必然决定了一定数量、质量的犯罪行为的普遍性。这些犯罪当然总是通过主体或者个体实施某种被认为具有一定危害的、被刑法规范认定为犯罪的行为表现出来，犯罪的致罪因素广泛地对每一个社会成员产生作用和影响。至于具体对哪一个社会成员起作用则是偶然的。犯罪在宏观上具有必然性，在微观上具有偶然性，在必然性和偶然性之间，犯罪圈扩大化的正当性依据需要一个合理定位。从必然性角度看，犯罪及犯罪圈是一个社会不可避免的现象。但从偶然性角度看，犯罪圈是否应当扩大化以及扩大化趋势如何具备正当性，则需要精准致罪因素才能获得合理性基础。

由此来看，犯罪原因对于犯罪圈扩大化的正当性而言，其意义更多体现于偶然性犯罪，在犯罪学论域中，偶然性犯罪就是社会生活中一个个具体发生的犯罪，犯罪圈就是由无数具体的犯罪所组成的，其扩大化的趋势中，必然有特定犯罪原因作为其原生性的基础。

第一节 犯罪原因基本原理分析

一 犯罪原因的基础理论

犯罪的现实原因是极其复杂的，从直接到间接、从宏观到微观、从抽象到具体、从个人到社会。犯罪学对犯罪原因的解释因解释者的知识背景、学术立场不同，给出的解释方式也大相径庭。犯罪心理学可以解释犯罪、犯罪地理学也可以解释犯罪。如此众多的知识供给渠道反而使犯罪学的学科边际在犯罪原因层面上有被无限放大的可能。因此，我们需要一个科学界标来抑制犯罪原因的膨胀。这种科学界标应结合犯罪原因的基础理论展开。

如果说刑法教义学是关于刑法规范解释的学科，犯罪学在某种程度上可以理解为关于解释犯罪现象的学科。在犯罪圈扩大化正当性依据的探索中，犯罪学可以从犯罪原因切入，寻找社会生活中犯罪发生的各种因素，从中确立具有正当性的原因，剔除导致犯罪化正当性缺失的因素，最终形成犯罪圈扩大正当性中的合理性因子。

（一）犯罪原因的犯罪学原理

我国犯罪学以往的研究往往没有从犯罪原因也是一种社会现象的角度来全面认识犯罪原因。如果把犯罪原因放置在社会现象中加以理解，犯罪原因的理论的结构将变得十分清晰，无论是自然条件，还是个人生理、心理特征等，犯罪原因收纳到"社会现象"中来，犯罪学就可以提供一种具有独特学科特性的犯罪原因论。

1. 犯罪原因的一般原理

在犯罪学论域中，为犯罪原因寻找一个明确的内涵和外延是十分困难的。这种困难主要来自于犯罪产生的复杂性——自然界、人类社会、个人生理和心理特征等都可能与犯罪有着密切的联系，这些联系都可能在不同程度上影响到犯罪的发生。此外，由于人们对犯罪和刑事制度的理解存在差异，会使犯罪原因问题变得更加错综复杂。

犯罪学传统的研究范式中，"犯罪原因研究的基本问题是人为什么会实施被社会定义为犯罪的哪些行为"[1]，而不是哪些行为会被定义为犯罪。这是犯罪认定扩大化和犯罪圈扩大化在原因层面产生分野的关键点。犯罪学关于犯罪圈扩大正当性的探索中，首要的任务就是发现哪些原因是犯罪圈扩大的真实原因，以及这些原因是否赋予了犯罪圈扩大正当性的基础。

在犯罪学理论中，犯罪原因是指犯罪事实的或者犯罪本体的原因，即宏观的和总体的犯罪现象是如何产生的，以及微观的、具体的犯罪行为发生的动因。在宏观层面，所谓犯罪原因是对犯罪产生的宏观的和总体的原因研究，即犯罪现象的原因而不是具体和个别犯罪行为发生的原因。犯罪现象则是若干犯罪行为的集合和抽象。[2] 犯罪作为一种社会现象，如果仅仅满足于在宏观层面寻求原因，那这样的犯罪原因理论和实践意义都是很小的。社会化生活中的犯罪千差万别，只有针对具体的犯罪现象展开的研究才能形成对认识犯罪有意义的理论成果。

研究犯罪学的学者们将犯罪原因作为关注的焦点，绝不是巧合

---

[1] 白建军：《犯罪学原理》，现代出版社1992年版，第108页。
[2] 张绍彦：《犯罪原因的主体分析》，《中国刑事法杂志》2000年第4期。

第二章 犯罪原因：犯罪圈扩大化正当性的原生性基础

和偶然，这在根本上取决于犯罪原因在犯罪学体系中承前启后的重要性。犯罪、被害与犯罪预防之间离不开犯罪原因的衔接。犯罪、被害只是社会生活中的表面现象，而犯罪原因是犯罪、被害发生的实质推动要素。对犯罪原因的分析，实际就是以犯罪学为视角了解、剖析社会生活规律，解构犯罪个体特征的过程。从犯罪产生的一般原因来看，我们可以说犯罪是由各种社会冲突的存在、思想道德教育的放松、社会控制机制的弱化等深层社会矛盾所决定的。从犯罪产生的个体原因来看，犯罪是由社会生活中具体的个人的性格、年龄、心理、性别及其他不良因素诱发而产生的。

犯罪的发生不是无缘无故的，犯罪圈的扩大化亦如此。作为犯罪学研究中心范畴的犯罪原因有三个基本特征：综合性、过程性和层次性。

综合性方面，一定的结果必然由一定的原因所产生，从"没有此现象就没有彼现象"的逻辑出发，犯罪是一种社会现象，犯罪现象的原因也是一种客观的社会现象。因此，宏观上的一切社会条件均可视为犯罪发生的原因。[①] 微观上，将犯罪作为个人行为理解时，个人的一切特征可以总结出其实施犯罪行为的原因。犯罪学检视下的犯罪原因是社会诸多矛盾相互作用的综合体，没有一种原因能解释所有犯罪，每种犯罪背后的原因都是综合性的。

过程性方面，犯罪原因具有动态发展的特征。宏观上，犯罪行为作为一种社会现象，必然是由另一种社会现象引起的。在引起与被引起的过程中，因果链条不断变化，交互式的影响不断变化。微观上看，犯罪作为社会中的一个个具体的行为样态，在促使个体犯罪的外在因素齐备时，有一个逐步转化为内因的过程。当外在的犯罪因素转变为内因，促发犯罪动机产生，随后的犯罪行为才有可能

---

① 宏观犯罪原因产生作用的关键是看这种原因具体作用个犯罪人、那种犯罪行为。

发生。综合起来看，犯罪原因的过程性最重要的意义在于摒弃诸如"天生犯罪人"等错误观念。在探索犯罪圈扩大化的进程中，明确犯罪原因的过程性意味着犯罪圈扩大化的正当性必然是对一个过程的评价，而不是对一个结果的结论。

层次性方面，犯罪原因是有层次的，这种层次可以称为罪因结构。罪因结构是犯罪原因组合和发生作用的形式。犯罪原因分为内因和外因，在宏观上是社会存在与社会意识的关系，微观上是客体和主体的关系。无论是哪一层面的犯罪原因，和结果之间都存在着联系概率。所谓联系概率，是指如果没有此因素，则结果就不会发生这种情况的机会数。[1] 罪因结构的层次性使得我们研究犯罪现象发生发展更具立体性。从层次性看犯罪原因和犯罪行为，可以简单分出三个层次：犯罪原因初始化到犯罪场[2]的定型化，再到犯罪行为的最终实施，区分原因层次才能有效地针对犯罪现象提出预防和控制的方案。

2. 犯罪原因的基本类型

犯罪原因的类型在犯罪学史上争议颇多，当代犯罪学理论认为，犯罪原因可以分为三种类型：自然原因、社会原因和个体原因。还有学者将文化原因单独列出，作为犯罪原因体系中的一个重要类型。[3] 犯罪原因的类型和犯罪的原因的特征互为表里。

犯罪自然原因，是指促使主体实施犯罪行为，和犯罪现象具有实质因果关系的外部自然环境的各种因素。犯罪的原因包括时间、空间两个维度。犯罪的自然原因是犯罪罪因层次中外延最为广阔的范畴：时空交错中的山川河流、寒暑交替、城市发展等均有可能成

---

[1] 许章润主编：《犯罪学》（第三版），法律出版社 2015 年版，第 172 页。
[2] 犯罪场可理解为存在于潜在犯罪人体验中，促成犯罪原因实现为犯罪行为的特定背景。
[3] 许章润主编：《犯罪学》（第三版），法律出版社 2015 年版，第 175—245 页。

分为犯罪的自然原因。犯罪自然原因包括原生性、间接性和具象性等特征。

犯罪的社会原因，是指引发犯罪行为的各种因素，包括政治因素、经济因素、教育因素以及家庭环境因素等。可以说，犯罪学进入 20 世纪中叶以来，犯罪社会原因的理论体系是犯罪学家们投入精力最多的犯罪学领域，也是取得成就最为大的领域。犯罪学原因的社会学解释在某种程度上成为了犯罪学发展的新高峰。在犯罪的社会原因领域，可以概括三个维度。①

第一个维度是对社会结构的强调。从社会结构中寻找犯罪原因的方案最早来自于迪尔凯姆（Durkheim）。他强调社会化和社会联结（social ties）能够使社会稳定而不失序，可以形成强有力的规范，以确保不发生失范行为。② 20 世纪中叶兴起的芝加哥学派的代表克里福特·肖（Clifford Shaw）和亨利·麦凯（Henry McKay）等人延续了迪尔凯姆社会唯实论的研究范式，提出了社会解组理论。再之后是默顿（Merton）提出的著名的失范理论。默顿认为，犯罪源于通过体制性手段未能实现经济成功的文化目标。社会失范是美国社会的犯罪问题主要的社会原因。③ 此外，艾格纽（Robert Agnew）等的广义紧张理论也从社会结构的维度来解释犯罪的社会原因，影响也十分深远。

第二个维度是从社会过程来强调犯罪的社会原因。较有代表性的观点有萨瑟兰（Sutherland）的差异接触理论，强调犯罪是一个过程，是"学会的"，而非天生的。与萨瑟兰的观点相似，赫希（Tra-

---

① 参见［美］斯蒂芬·E.巴坎《犯罪学：社会学的理解》（第四版），秦晨等译，上海人民出版社 2011 年版，第 187—300 页。
② 参见［法］埃米尔·迪尔凯姆《自杀论》，冯韵文译，商务印书馆 2008 年版，第 274—285 页。
③ ［美］罗伯特·K.默顿：《社会理论和社会结构》，唐少杰、齐心等译，译林出版社 2006 年版，第 175 页。

vis Hirschi）的社会纽带理论（social bonding theory）的核心观点认为，家庭、宗教和学校等社会制度之间的纽带可以保证人们不去实施越轨行为。从社会过程解释犯罪原因的主要理论还有诸如生命历程理论、遏制理论等。

第三个维度是批判的视角。站在批判视角的犯罪学家们从已滋生犯罪现象的社会基底出发，批判犯罪生成的社会条件以及社会对待犯罪的错误观点和做法。标签理论、冲突和激进理论是这一维度的代表性观点。

犯罪的个体原因，是指促成行为人实施犯罪的生理、心理、观念、性别等内在因素以及相互关系。犯罪的个体原因是犯罪原因中最为直观等因素。犯罪加害人的一切特征都在犯罪行为实施过程中起到这样那样的作用。在自然、社会因素相当的情况下，为什么有些人不实施犯罪行为，而有些人则一再将犯罪动机付诸现实，个中原因必须从犯罪个体原因中寻找。事实上，犯罪学探索犯罪原因最初的切入点正是从研究犯罪的个体原因开始的。龙勃罗梭基于解剖学的知识体系提出的天生犯罪人理论是犯罪学研究新篇章的开端。[1] 犯罪个体原因是解释犯罪最为直观和有效的理论，在犯罪控制的任务指引下，犯罪个体原因显得尤为重要。例如，探索成年人实施犯罪行为的个体原因时，一般认为和其儿童时期的遭遇有关，但成年人实施的犯罪行为似乎源于儿童时期的不法行为的结论在个体原因的实证研究中却难以得到验证，因为多数实施过不法行为的儿童在成年后并没有成为犯罪人。[2] 解释此现象就需要关注犯罪人的个体原因，在剔除同质化的自然、社会因素后才能发现犯罪主体实施犯罪

---

[1] 参见［意］切萨雷·龙勃罗梭《犯罪人论》，黄风译，中国法制出版社2000年版，序言。

[2] 参见［美］罗伯特·J.桑普森、约翰·H.劳布《犯罪之形成——人生道路及其转折点》，汪明亮等译，北京大学出版社2006年版，第10—17页。

最为直接的因素。

犯罪的文化因素是指引发主体实施犯罪的文化背景、文化变迁、文化冲突以及亚文化现象等诸因素及相互联系。犯罪学探索犯罪原因的进程中,关注犯罪文化因素的时间相对较短。20世纪30年年代,美国犯罪学家塞林的《文化冲突与犯罪》首开研究犯罪文化原因之先河,他认为,"在多元复杂的当代社会中,社会整体的规范意识与部分社会的规范意识是不可能统一的。因此,两者极易形成冲突,处于这样一种文化条件中,对于某一特定的个人来说,社会的文化冲突必然深刻地影响他的思想和行为,必然扩大他的规范意识的冲突,从而引发行为人自我行为的矛盾,最终导致犯罪"[①]。犯罪文化原因作为犯罪原因体系中的一环,丰富了犯罪原因理论,为解释犯罪新增了更多的犯罪学叙事方式。

(二)犯罪学原因结构的学理争议及启发

认识犯罪原因,我们还要回顾关于犯罪原因发展的学术史,从学术传承中理解犯罪学意义上的犯罪原因体系的发生发展过程。

在犯罪学发展史上,菲利(Enrico Ferri)提出了著名的犯罪原因三元论:人类学因素、自然因素、社会因素。[②] 德国刑事社会学派的集大成者李斯特(Franz V. Lisz)提出了著名的犯罪原因二元论:社会因素、个人因素。在建构二元犯罪原因体系时,李斯特特别强调了社会因素在犯罪发生发展中的关键作用。李斯特提出了这样一个论断:"我们只能通过以正常的社会生活为根据的方式来理解和解释社会病理学现象。因此,犯罪的根源必须在社会生活

---

① [英]马林诺夫斯基、[美]塞林:《犯罪:社会与文化》,许章润、么志龙译,广西师范大学出版社2003年版,导论。

② 参见[意]菲利《犯罪社会学》,郭建安译,中国人民公安大学出版社1990年版,第41页及以下。

态度中寻找。"① 我国亦有学者和李斯特的观点一致，也认为"犯罪原因应是二元的，即社会因素和个人因素"②。

一般情况下，自然原因难以构成犯罪的直接原因，需要转化为社会原因才能确立起和犯罪现象的关联性。从这个意义上说，李斯特犯罪原因二元论有其合理性。但随着社会的发展，科学技术为自然因素的解读带来了革命性的变革。虽然学界主流观点仍然认为，自然因素等非社会性因素只有最终与社会因素相结合才能发挥作用。③ 但当代犯罪学研究中，大量借鉴了和运用了其他自然学科的成果，对于犯罪的生物因素、心理因素以及犯罪自然环节因素等非社会因素研究都有了重大的发展。例如，当代犯罪心理学通过科学的调查法、个案追踪研究法、心理测验法以及比较研究法等方法阐明了与犯罪有关的心理活动规律，为预防犯罪以及教育、改造罪犯提供了科学的心理学依据。④

伴随着犯罪的非社会因素研究的深入，犯罪原因体系中各子项之间的关系需要我们重新梳理。毫无疑问，犯罪行为是一定环境中生活的人类在特定心理支配下的社会行为，生物因素、自然因素、心理因素、社会因素对犯罪都有着一定程度的影响，换句话说，生物因素、心理因素、社会因素、自然环境因素均是影响犯罪的变量。从这个层面看，李斯特二元论的观点也不够完整。事实上，自然环境因素为犯罪的发生提供了时空条件，同样也为犯罪的防控措施提供了时空条件，其意义不可谓不大。一个衡定自然环境因素对犯罪的形成有可能产生持久的作用，而一个社会因素或许只是某一类犯

---

① [德] 冯·李斯特：《论犯罪、刑罚与刑事政策》，徐久生译，北京大学出版社2016年版，第185页。
② 马克昌主编：《近代西方刑法学说史略》，中国检察出版社1996年版，第185页。
③ 参见储槐植、许章润等《犯罪学》，法律出版社1997年版，第30页。
④ 常见的心理测验多用测验量表、问卷等方式。实践中运用较多的有卡特尔16张人格因素量表（简称16PF）、明尼苏达多向人格测验量表（简称MMPI量表）。国内也有心理卫生自评表（SGL-90量表）、罗克奇价值观量表等。

罪行为在较短时间内的主要原因，相比自然因素的存在只能说是"转瞬之间"。例如，美国犯罪学者曾对纽约市、丹佛市 6 年到 7 年间的故意伤害、谋杀案做了统计分析，发现高温、潮湿、阴天等天气状况下发案率最高。日本学者对此的解释是"气温在华氏 32.4 度，湿度在 70% 以上时，对人正常的精神是有害的"[①]。且不论日本学者解释是否有牵强附会之嫌，我们从这一研究中至少可以看到，犯罪的自然因素在时空上的恒定性要远远大于社会因素。

综上，菲利犯罪三元论和李斯特的二元论各有其合理之处，解决二者理论构造差异的关键是要确立起有层次性的犯罪原因变量等级。自然因素不能单独地、直接地决定一种犯罪现象。但持续观察犯罪现象的发生发展，又总绕不开自然因素的存在。尤其是那些持续时间较长、空间跨度大的犯罪现象。在犯罪原因的研究中，层次性是一个关键点。有学者总结犯罪原因下各子项之间的关系，认为犯罪心理因素类通常是以生物因素为基础，在社会因素的作用下形成，是生物因素与社会因素的因变量；而生物因素、社会因素只有转化为人的心理成分之后才能引起实际的犯罪行为。从这一维度来理解的话，犯罪心理因素是准犯罪因变量。由此得出的结论是，犯罪作为一项自变量、中间变量研究的关键还在于生物因素、社会因素。[②]

通过建构犯罪原因的变量等级，可以给予犯罪原因一个更为清晰的理论图景。不过，如果从犯罪圈扩大正当性的理论需求来看，这样的理论图景还是不够的。如果我们把犯罪行为既视为一种事实存在，也理解为一种规范评价，那么，犯罪原因的层次性就可以呈现出另一种二元结构，一是"为什么发生这种行为"，二是"为什么这种行为会被定义为犯罪"。两种原因层次的差异十分明显，所塑造的犯罪扩大化正当性原则有着不同的内涵和外延。前者关乎事实

---

① 参见张甘妹《犯罪学原论》，台北：翰林出版社 1985 年版，第 173 页。
② 参见张小虎《犯罪学研究范式》，《法学研究》2001 年第 5 期。

层面犯罪圈扩大正当性依据中的合理性的建构，后者则是规范意义上犯罪认定的实质性基础。

二 犯罪原因的研究目的辨析

在犯罪学的发展史上，关于犯罪学究竟是一门什么样的学科争议从犯罪学诞生之日起就持续不断。犯罪学在我国发展了30余年，国内犯罪学者们关于犯罪学究竟是研究什么问题的争议仍然在持续。犯罪学研究犯罪原因的目的是什么成为了这类争议的热点问题。在我们建构犯罪圈扩大化正当性的原则时，有必要梳理关于犯罪原因的理论争点，从中我们才能更清晰地看到犯罪原因之于犯罪圈扩大化正当性的意义。

犯罪原因是犯罪学的一个基本范畴，有学者认为基于犯罪学整体性的学科特性，从法学角度分析并充分借鉴各学科的研究成果和方法，犯罪学的中心范畴应确定为犯罪、被害、犯罪原因和犯罪预防。[1] 对犯罪原因的探索催生了犯罪学的蓬勃发展。自从19世纪下半期犯罪学诞生开始，犯罪学家就展开了对犯罪原因的孜孜追求，并发展出了多种多样的理论，人类学的、生物学的、心理学的、社会学的等。从这一时期开始，犯罪学对犯罪原因的探求成了一种学科习惯，就像对疾病的诊断一样，只有明确了病因，才能对症下药。犯罪学的这一逻辑指向奠定了犯罪学知识体系和成为一门学科的基础。

犯罪学研究犯罪原因的主要目的是建立在犯罪原因可以成为犯罪治理对策合理性基础的认知之上的。绝大多数犯罪学家有这么一个信念："只要在犯罪的经验主义研究上下到足够功夫，犯罪行为的原因就能够揭示出来"[2]。这种信念下，犯罪人类学、实证主义犯罪

---

[1] 张旭、单勇：《犯罪学研究方式论纲》，《法学评论》2005年第4期。
[2] ［美］理查德·昆尼等：《新犯罪学》，陈兴良等译，中国国际广播出版社1988年版，第71页。

学等犯罪学的流派无不把主要精力投注于犯罪原因的探索中。在刑法条文之外，犯罪学者相信一定能寻找到犯罪行为发生的真实原因，而且在找到犯罪原因后，可以依据犯罪原因来提出控制甚至消灭犯罪的各种对策。

犯罪学发展到 20 世纪，各种实证研究日益成熟。有一部分犯罪学者开始质疑犯罪学以犯罪原因为理论核心的研究范式，尖锐地指出："在犯罪学领域里没有科学的知识，企图从犯罪学研究的成果去得出犯罪原因的结论是一种谬论，这种谬论是如此地占统治地位，所以它妨碍了进一步的研究和探讨。"[①] 犯罪学诞生一个世纪之后，当犯罪学家们回顾和评估犯罪学的研究时，发现对犯罪原因的探讨似乎并没有取得实质性的进展。因为关于犯罪原因的各种研究结论中——无论是单一性的还是复合性的、是社会科学的还是自然科学的——并没有对犯罪原因做出令人满意的解答。于是犯罪学家开始了对犯罪的病因学研究的口诛笔伐，要求重新审视犯罪学研究的假设、命题和逻辑起点，进而把无止境的、无结果的对犯罪原因的寻求转向更有用途的、更容易的犯罪现象本身的分析和刑事政策的制定与运用上来。

传统上，犯罪学家认为需要加强对犯罪原因的研究，通过病因学的研究寻求特殊的犯罪行为的形成原因和行为模式，如果忽略犯罪原因的研究将会不利于犯罪控制或治理。从学理上看，这样的认知逻辑是没有问题的。但理论映射于现实时，我们会发现关于犯罪原因的知识并没有实现犯罪控制和预防能力的增强。100 多年来，犯罪学对犯罪原因所提供的各种知识，似乎并未真正起到应有的作用。一个社会如何控制和加强预防犯罪的能力，似乎和犯罪学所解读的原因无实质关联。从国家管理者层面看，加强刑事立法，增加犯罪

---

① ［美］理查德·昆尼等：《新犯罪学》，陈兴良等译，中国国际广播出版社 1988 年版，第 73—74 页。

化举措似乎才是最为重要的措施。对研究犯罪原因持否定态度的学者认为犯罪原因难以直接运用于犯罪治理。在"为什么犯罪"和"如何治理犯罪"之间,仍有一系列的复杂事由难以梳理,这些学者持否定态度的理由概括起来主要有三个方面。

首先,犯罪现象是一种复杂的社会现象,确切寻找犯罪产生的、具有普遍适用性的原因几乎是不可能由一个单一的学科完成的。[①] 日本人格主义刑法学家大谷实曾指出:"由于犯罪是以人格中的自发的非决定性的要素为媒介而实现的,所以即使从宏观上能找到犯罪发生的规律,但在微观上,对个别犯罪原因的实证法则进行把握仍极为困难,并不存在像自然法则一样,对其所有情况均适用的规律。"[②] 的确,物理学中的万有引力公式、化学中氧化还原反应均是具有普遍规律性的知识积累。万有引力为解释天体运动提供力学理论基础。而犯罪学研究所得出的原因很难做到类似于自然科学上的普遍适用性。而偏偏犯罪学在探索犯罪现象原因时又一再强调自身的实证性和科学性,这和其研究成果是自相矛盾的。

其次,犯罪学以犯罪原因为研究的主要对象,难以形成完整的学科体系。我国犯罪学家王牧教授认为,政治学研究政治现象,经济学研究经济现象,而唯独犯罪学例外,犯罪学以研究犯罪原因为学科的主要任务,其理论前提预设是错误的。[③] 王牧教授梳理了实证主义犯罪学派的发展脉络,指出 19 世纪兴起的实证主义犯罪学将学科任务定位于"消灭犯罪"。为了完成这个任务,自然就要全力寻找犯罪现象产生和发展的原因。但犯罪学不可能只研究犯罪原因,不研究犯罪现象。王牧教授的观点有其合理性。民事侵权行为当然有

---

① 参见[法]乔治·比卡《犯罪学的思考与展望》,王立宪、徐德瑛译,中国人民公安大学出版社 1992 年版,第 20 页。
② 参见[日]大谷实《刑事政策学》,黎宏译,法律出版社 2000 年版,第 53 页。
③ 参见王牧《根基性的错误:对犯罪学理论前提的质疑》,《中国法学》2002 年第 5 期。

一定的社会危害性，也有一定有发生的原因。但民法学家并未投入大量精力去研究民事侵权行为发生的原因。同理，刑法学也未深入精力和各种资源去探讨故意杀人罪的原因。不研究原因，不代表不能建立学科体系。刑法学没有运用犯罪心理学的知识去剖析犯罪主体的主观意识，但其犯罪论中的罪过理论依然能够实现逻辑自洽，并能指导刑事立法和刑事司法活动。

最后，犯罪现象是一个包含了法律现象在内的社会现象，法律规定在时间和空间上具有相对性而非普遍性，这意味着犯罪行为本身在不同时期具有质的差异性。这意味着探求犯罪原因，寻求关于犯罪的一般性理论是一种徒劳。犯罪不是一种单一的社会现象，因此也不可能由单一的理论解释所有的犯罪行为。这一观点触及了犯罪学一直以来的最为敏感问题。犯罪学到底是一个怎么样的学科？犯罪学作为一门综合性社会学科要求其产生的理论产品具有综合其他学科知识的特性或者说是功能。但百年来犯罪学的研究进程表明，这几乎是不可能实现的。正如没有一种药能治好所有病，反而往往有些病在特定时间段内所有药都治不好一样，犯罪学提供的犯罪原因难以形成普遍性。刑法当然可以作为犯罪产生的一个原因，而且是一个十分重要的原因。但任何国家的刑法都具有时间和空间上的相对性，犯罪学所提供的犯罪原因体系中必然要有刑法因素，但空间和时间效力均处于相对性的刑法规定是不可能为犯罪学所希冀的那样，为具有普遍适用性的犯罪原因背书的。一个典型的例子是内地和我国台湾地区相关规定的差异。我国台湾地区宪制性规定第二百三十九条规定有"妨害婚姻罪"，亦即民众所言的"通奸罪"。而我国《刑法》中没有此项规定。同样的行为，一水之隔，就罪与非罪的界限，犯罪学家如何去定义一个犯罪原因，以至于能够解释中国大陆和台湾地区不同的犯罪现象呢？

综上所述，对犯罪原因研究批判的理由可以在逻辑上分为两个递进的层次：第一个层次的理由是犯罪真实的、普遍性的原因难以找到，相关研究是徒劳的。第二个层次的理由是寻求犯罪原因是没用的，即使有犯罪学家声称找到了犯罪原因，这也不意味着就能够为犯罪治理提出有效的犯罪对策。所以，有犯罪学家提出要转变犯罪学的任务，认为犯罪学的研究"不是去发现一个所有犯罪的普遍性原因，而是向政府提供一个刑事政策领域的方法，以使犯罪行为降低到一个合理的水平"[①]。

即便对犯罪原因研究持否定态度的学者如此多，仍然无法减弱犯罪学家对犯罪原因探求的热情和执著。犯罪学非但没有退出对犯罪原因的探讨，还在20世纪中叶至今就犯罪原因的研究投入了极大的精力并取得了卓越的成效。我们以美国犯罪学的发展为例。作为普通法国家，美国的犯罪学虽然仍然得益于欧洲大陆的犯罪学成果，但很快就走出了自己的学科发展道路，对犯罪原因的社会学解读是美国犯罪学研究做出的主要贡献。社会解组理论（Social Disorganization Theories）、生命历程理论（Life Course Theories）、日常活动理论（Routine Activity Theory）、社会支持理论（Social Support Theory）、失范论（Anomie Theory）等学说为犯罪发生的原因提供了各种颇具实践意义的理论建言。我们以芝加哥学派（Chicago School）学术贡献为例，20世纪初，美国的城市化进程高速发展，包括芝加哥在内的许多大城市急剧发展，人口迅速膨胀。随之而来的是犯罪率不断升高。芝加哥学派的犯罪学家们以整个芝加哥市为试验场，提出城市发展的"同心圆"理论（concentric circles）。[②] 以城市商业中心为

[①] 参见［法］乔治·比卡《犯罪学的思考与展望》（中译本），王立宪、徐德瑛译，中国人民公安大学出版社1992年版，第18页。

[②] Robert E. Park and Ernest W. Burgess, *The City*, 2nd ed., University Chicago press, 1984.

圆心，芝加哥可以分为五个同心圆。位于最外层的是过渡区（zone of transition）。在经济能力得到改善后，住在过渡区的居民总是朝更好的社区搬去。这样，形成人流由城市同心圆的外圈向内圈流动的趋势，这使得城市资源和财富竞争发生了变化。芝加哥学派的学者们通过长期的观察和实证研究发现，最贫穷的过渡区正是犯罪率最高的区域。而且，每个区域无论种族、面积、公共设施如何，犯罪率基本是恒定的。这个实证研究的结果是犯罪学学科发展史上的一个质的飞跃。突破了传统犯罪学探索犯罪原因时着重将罪因归结到个人生理或心理上的偏差、缺陷的一贯做法，逐步形成了社会解组理论。社会解组理论以贫穷（Poverty）、种族异质性（Racial Heterogeneity）和居民流动性（Residential Mobility）为指示性特征，[1] 解读了芝加哥市过渡区高犯罪率的原因，并为治理过渡区高发犯罪率提供了操作性极强的措施。1957年，美国犯罪学会成立，[2] 标志着犯罪学在美国发展到达了一定的高度。这其中离不开美国犯罪学家们对犯罪原因孜孜不倦的探索。

（一）犯罪原因的学科意义

作为犯罪学学科内颇具深远影响的争议，犯罪学到底研究什么的问题似乎本不应该是一个争议极大的问题。但却不可避免地发生了，个中缘由对于我们从犯罪原因层面寻找犯罪圈扩大化的正当性依据颇有启发意义。

从学术发展史看，正是对于犯罪原因科学性的追求，才系统地催生了犯罪学科发展。虽然关于犯罪学起源的问题上也存在着争议，但犯罪学是为了应对犯罪加剧且传统治理手段不足而产生的认识应

---

[1] Clifford. Shaw and Henry. McKay, *Juvenile Delinquency and Urban Areas*, University Chicago press, 1972.
[2] 曹立群：《美国犯罪学概括》，载曹立群、任昕主编《犯罪学》，中国人民大学出版社2008年版，第8页。

该是统一的结论。法国犯罪学家乔治·比卡说："犯罪学不仅仅产生于刑法的不足，同时也为刑法的新生创造了条件。"[①] 这句话精辟地说明了犯罪学作为一门学科得以诞生并发展壮大的动因。在控制、减少和消灭犯罪的社会治理需求下，通过反对罪刑擅断主义建立起来的古典刑事法律制度的确未能应对19世纪欧洲社会大变革中各种急剧增长的犯罪现象。社会现实的在特定时空条件下治理犯罪的需求，催生了犯罪学的诞生和发展。从学科成形之日起，犯罪学就承载着合理应对现实社会中犯罪剧增的任务。这一任务决定了犯罪学发展过程中最为核心的问题：为解决犯罪问题提供各种方案。由此，犯罪学开始了探索犯罪的真实原因的学科发展历程。正如乔治·比卡所言，犯罪学产生于刑法学的不足。同样是研究犯罪这一主题，刑法学并不关注犯罪原因的现实基础。根据罪刑法定原则，刑法的具体规定就是行为入罪最为权威的原因。但正如本书讨论的主题一样，犯罪化总需要"前犯罪"的原因，不然我们无法给出此行为入罪而彼行为不入罪的一个合理解释。罪刑法定原则更多的是提供关于犯罪化正当性的权威依据，除此之外，面对现实社会中犯罪圈不断扩大化的趋势，人们还需要的是关于合理性的依据。

从犯罪学的起源来看，犯罪学研究犯罪原因无可厚非。但随后的发展中，犯罪原因的研究遭到了诸多质疑。从上文的回顾看，质疑背后的决定性因素在于犯罪学所提供的理论产品无法满足人们解决犯罪问题的需要。这使得很多犯罪学家感到泄气，并认为正是执着着于犯罪原因探索，才使得犯罪学发展中出现了这样那样的问题。

但正如芝加哥学派做出的贡献一样，正确认识犯罪原因当然是有利于治理犯罪的。在犯罪原因和犯罪现象之间之所以出现一道道的"间隙"，原因在于犯罪现象作为一种社会现象，也会随着社会发

[①] [法] 乔治·比卡著：《犯罪学的思考和展望》，王立宪等译，中国人民公安大学出版社1992年版，第2页。

展而发展。犯罪学确实没有能力,当然也没有必要去寻找一个在时间和空间上都具有绝对普适性的犯罪原因,但这不代表犯罪原因的研究就彻底失去了存在的价值。

我们还是以芝加哥学派为例。芝加哥学派针对芝加哥市过渡区的犯罪问题的研究发展出了社会解组理论。随后,社会发展、城市变迁、社区解构。社会解组理论在20世纪中叶逐渐趋于沉寂。再之后,美国的犯罪学家萨瑟兰传承了芝加哥学派的理论方法。他对芝加哥学派研究过渡区贫困人群所发现的社会解组的罪因性条件(Criminogenic Conditions)进行了更为深入的研究,提出了著名的差异接触理论(Differential Association Theory)。差异接触理论的运用范围不再局限于贫困社区,而是扩展至了白领犯罪领域。萨瑟兰认为,"当犯罪存在时,导致犯罪的因素必须始终存在。当犯罪不存在时,这些因素必须始终不存在。"[1] 根据差异接触理论,犯罪行为是可以学会的。而从学会犯罪的过程到实施犯罪的过程中,罪因系统是分层次、有顺序的。犯罪行为的自变量和因变量之间可以也应当梳理出层次和顺序。萨瑟兰将其理论运用于白领犯罪的研究,打破了人们将犯罪与贫困、落后、愚昧、暴力、社会底层相联系的固有印象,开辟了犯罪学的新领域。根据萨瑟兰的研究,过去利用个人经济社会地位、生理或心理特征来解释犯罪的理论是错误的。在差异接触理论看来,这些因素的分析层次太浅,无法系统涵盖犯罪行为发生的全部罪因。[2] 如果将罪因层次合理区分,差异接触理论可以解释从白领犯罪到贫困社区的诸多暴力犯罪。

从社会解组理论到差异接触理论,犯罪学解释犯罪原因的步伐

---

[1] [美] 埃德温·萨瑟兰等:《犯罪学原理》(第11版),吴宗宪等译,中国人民公安大学出版社2009年版,第3页。

[2] [美] E. H. 萨瑟兰:《白领犯罪》,赵宝成等译,中国大百科全书出版社2007年版,第13页。

并未停滞，我们不能因犯罪原因难以找寻而停止探索。在犯罪原因的探索中，我们可以进一步去发掘犯罪原因所能塑造的犯罪圈扩大化正当性依据。

第二节 犯罪圈扩大化正当性的建构逻辑——基于犯罪原因

一 犯罪原因的双层次性

上文我们分析了犯罪原因的层次性特征，这一特征对于犯罪圈扩大化正当性原则的建构具有特殊的意义。犯罪原因作为犯罪圈扩大化的原生性基础，其层次性的结构特征决定了犯罪圈扩大化正当性原则的层次性。一般来说，犯罪圈扩大化正当性有两个层次：第一个层次正当性原则面对的是一个行为缘何发生、缘何灭失。第二个层次正当性原则面对的是一个行为为什么具有犯罪属性，而不是其他性质。

作为"为什么发生这种行为"的原因是指引起他事物或现象产生、作为他事物根源的要素。因果关系是各种事物间引起和被引起的关系，行为的发生发展各有其独特的原因。作为"为什么这种行为会被定义犯罪"的原因是一事物产生他事物的关系。前者是犯罪学研究的主要对象，而后者属于犯罪学和规范法学共同关注的内容。塞林认为，犯罪原因不过是犯罪行为发生以前的必要要素或条件，研究犯罪原因就是去寻找"犯罪前"的诸因素是什么以及与犯罪行为之间稳定不易的联系。[①] 这一观点反映了犯罪学长久以来对事实位面犯罪原因的追求。从犯罪圈扩大化正当性原则来看，事实位面的

---

① [美] 索尔斯坦·塞林：《文化冲突与犯罪》，陈兴良主编《刑事法评论》（第7卷），中国政法大学出版社2000年版，第336页。

犯罪原因提供了一种合理性的依据,犯罪学理论从自然因素、社会因素等多层次的原因体系中,对行为发生予以一个合理性的解释成为了犯罪学知识体系中的一个重要目标,在这个目标指引下,形成了犯罪原因的各种知识。进一步看,当寻求犯罪化正当性的依据成为更宏观、更抽象,同时也是价值位阶更高的目标时,为什么一个行为需要犯罪化就成为了学理上首先要解决的问题。

犯罪学强调犯罪原因的双层次性,从社会和个体及其两者之间的相互作用的角度展开研究。在宏观的社会结构、社会变迁、社会运行等角度揭示犯罪现象发生、存在和发展的规律,另外从微观的个体社会化过程的角度揭示社会环境对个体的影响。从某种意义上讲,存在着一个终极意义上的犯罪原因——人类社会。人类社会存在一系列各种各样的矛盾,其中社会生产力和生产关系、经济基础和上层建筑的矛盾是人类社会最为本质的矛盾体。由此元矛盾体产生的其他社会矛盾或曰社会特征成为了各种各样的犯罪发生的社会原因,由于人类社会的整个过程中都存在着决定犯罪产生的社会原因,而其他原因最终也要融合到社会原因中才能直接作用于犯罪行为,那么,可以说犯罪的终极原因的正是人类社会。人类社会的存在意味着犯罪是不可能彻底消灭的,同时,犯罪也是不可避免的。因为,一个完美的、没有矛盾和冲突的社会是根本不存在的。有矛盾冲突就会有危害,就必然会有犯罪。

由此,从第一层次的犯罪原因来看,所有犯罪的发生都是"合理的";从第二层次的犯罪原因来看,部分犯罪发生"才是"合理的。犯罪原因为犯罪圈扩大化正当性提供的合理性因子主要集中于第二层次。

接下来,我们结合犯罪原因的基本原理,择取制度规范这一视角分析犯罪的社会原因,并以此展示犯罪原因和犯罪圈扩大化之间的逻辑关系。同时,从"去伪存真"的逻辑出发,分析犯罪圈扩大化如何剔除非真实的犯罪化原因,从而确保正当性原则在合理性层面的完善。

二 犯罪社会原因分析——制度规范的视角切入

当下中国正处于社会转型期,从上文的统计数据我们可以看出,我国犯罪的态势日益严峻。犯罪圈扩大化已然成为一种真实发生的社会现象。从犯罪社会学的视角来看,制度设计、运作的规范性是当下各类犯罪高发的一个重要的致罪因素。

有学者关注我国企业经营中逃避税收征管的情况,统计了我国每年被截留、流失税款的相关数据,指出国有、集体企业偷漏税面约占50%、个体户偷漏税面约占80%。[①] 从某种程度上讲,正是这种现象催生了刑法立法修正妨害税收管理类犯罪的举措。这正是从制度规范性视角考察犯罪原因的例子。

制度规范(不限于法律制度)的缺失与破损不一定带来犯罪行为,但制度制定、执行过程中规范性的缺失会使得社会中各种矛盾无以化解,并伴生各种越轨行为,最终发展为犯罪行为。在阐述犯罪原因的基本原理时,我们分析了犯罪社会原因的各种学说,无论是社会控制说、差异接触理论还是社会失范理论,在解释犯罪原因的进路中都绕不开制度性因素。

迪尔凯姆说过,"当社会在道德上无所适从的时候,它所处在的不稳定的状态便引起对这些不道德行为纵容,每当谈起这些行为来,这种纵容便会无意识地流露出来,并且使得这些行为显得不那么明显的不道德。"[②] 迪尔凯姆明锐地感觉到不道德行为的传染性,这种传染性是社会生活中犯罪行为产生的重要原因,而制度规范性原本

[①] 参见刘应杰等《中国社会现象分析》,中国城市出版社1998年版,第248页。
[②] [法]埃米尔·迪尔凯姆:《自杀论》,冯韵文译,商务印书馆2008年版,第113页。

可以抑制和管控诸如不道德因素等致罪因素传染,但若规范性处于失位状态,会使得诸如道德败坏等致罪因素蔓延开来。

制度规范性缺失形成致罪因素主要有两个层面。

一是制度设计规范性的缺失。晚近 20 余年,收入分配制度的规范性缺失引发人们关于贫富差距过大的争议和不满,医疗监管制度改革的缺陷导致医疗纠纷乃至"医闹"频发,食品监管制度规范性的缺失使得社会公众对食品卫生安全产生了长期持续的担忧,食品安全引发的社会焦虑日益严重。制度设计规范性的缺失会使得社会处于一种长期紧张的状况,社会紧张的长期化容易导致各种具有社会危害性行为的发生和增长。

二是制度执行规范性的缺失。制度设计若欠缺规范性,相对合理的执行方案有可能弥补设计规范性上的不足。但若执行的效能不足,其危害性在某些程度上更甚。执行制度规范性缺失引发的社会成员对制度本身的质疑和不满比制度本身在规范性上的缺失更为严重。例如,在反腐败问题上,经过有关部门调查,超过 50% 的民众认为,腐败蔓延的根源首先是惩处力度不够,然后才是机制不健全。[①] 人们认为廉洁从政的关键在于执行相关的法律制度、纪律制度。

此外,执行效能规范性的缺失往往会伴生其他犯罪行为。比较典型的形式是拥有重要权力和履行某些关键职能的国家机关常常出现群体性腐败和持续性腐败现象。

在我们围绕刑法修正案扩大化犯罪认定展开讨论时,研究的触角需要延伸至制度规范性领域。诸如"医闹"入刑等规范层面的操作背后,均是事实意义上的犯罪圈扩大化的结果,这种结果是多种致罪因素共同作用下产生的。立基于犯罪学关于犯罪原因的理论成

[①] 《抑制腐败须破除关系网,惩治腐败需用重点威慑》,http://cpc.people.com.cn/GB/8746206.html,访问日期:2017 年 9 月 23 日。

果和研究方案，我们可以从制度规范性的角度切入，寻找到制度规范性缺失和犯罪圈扩大化之间在统计学意义上的因果关系，从而为犯罪圈扩大正当性在社会生活中寻找到坚实的合理性依据。

三 异化犯罪原因分析——从道德恐慌视角切入

犯罪化正当性原则具有一体两面的结构，犯罪化正当性依据蕴含着非犯罪化的内容。上文我们分析犯罪原因时已经指出，作为一种社会现象的犯罪总是能在社会中找到其发生发展的原因，原因和结果对立统一的关系具有普遍性。但有原因不代表就具备了正当性。

在犯罪原因的视角看，促发犯罪生成的原因中，有的是"真实"的原因，需要我们认真对待，通过消解犯罪发生的原因从而实现非犯罪化。有的犯罪原因则是"非真实"的犯罪原因。这类原因虽然和犯罪行为之间有着这样那样的联系，但这些原因所引发的犯罪化是一种不具备正当性的犯罪化，或者说是犯罪化的异化。从正当性视角检视，这样的犯罪圈扩大化虽然有原因，但缺乏正当性。犯罪学在研究犯罪圈扩大正当性时，除了通过犯罪真实原因的探究来确立犯罪化正当性依据外，还需要对不能使犯罪圈扩大化具有正当性的致罪因素加以辨析。

从晚近犯罪圈扩大化的趋势来看，确实存在着"过剩犯罪化"的现象。所谓过剩犯罪化，是指"作为社会控制手段而随便创设犯罪的倾向"。[①] 回顾过往刑法修正案的提案议程，我们会发现大量过剩犯罪化的现象，例如，有立法者建议增设"包二奶罪""挥霍浪费罪""偷逃收费公路通行费罪"等。[②] 从规范法学看待这些犯罪化的提案，似乎不值一驳。但细究下我们会发现，拥有提案权的人大代表并不一定都接受过专业的法学训练，在进行犯罪化提案时未必

---

① ［日］大谷实：《刑事政策学》，黎宏译，法律出版社2000年版，第86页。
② 参见刘艳红《我国应该停止犯罪化的刑事立法》，《法学》2011年第11期。

会考虑规范法学的理论旨趣或者具有规范法学的思维方式，但作为立法者的人大代表和其他社会公众一样，都生活在一定的社会物质条件中，其对具有社会危害性的行为的感知和其他社会公众没有本质差异，从上文列举的犯罪化提案来看，所关注的均是特定时间段内的社会热点。

社会热点的产生有着独特的原因，这些原因中只有部分内容能构成犯罪化的正当性基础，犯罪学关于犯罪圈正当性的研究就是要识别哪些是正当性的原因，哪些不是。通过犯罪原因的去伪存真，为立法者的扩大犯罪化的立法操作提供足够的理论供给。

在犯罪化的各种不正当性致罪因素中，有学者敏锐地指出，基于道德恐慌而产生的犯罪化往往会导致过剩犯罪化现象的产生。所谓道德恐慌，是指"人们在对社会异常行为进行终极归因时，认为异常行为的增加是由于道德这种最高级的亲和力的缺失而出现的一种强烈的焦虑心态"[1]。道德恐慌作为犯罪化原因往往会使犯罪化本身发生异化。道德恐慌是社会总体道德情感受侵犯的反应，道德恐慌引在某种程度上具有非理性的特征，并不适宜作为犯罪化正当性的依据，一些越轨行为的社会危害性应当经过科学的论证，而不是直观的情感评价。同时，正如迪尔凯姆所说，"和道德规范形成的观点同它们（道德规范）所代表的客体一样，深深地印在我们的脑海中，并具有一种不容反抗的权威。凡与此相反的观点，均为视为寇仇。"[2] 当一个社会整体的道德情感被侵犯时，的确容易引发社会愤怒，以及由此带来犯罪化这些行为的倾向。

由此对特定行为的关注往往会成为犯罪圈扩大化的原因，"……

---

[1] 刘砚议：《后现代传媒语境下的"道德恐慌"》，《当代传播》2004年第3期。
[2] ［法］迪尔凯姆：《社会学方法的准则》，狄玉明译，商务印书馆2002年版，第3页。

给予偏离者的关注导致了对他们的犯罪化"[1]，根据犯罪标签理论，道德恐慌支配下的社会公众容易对实施了越轨行为的"偏离者"贴上犯罪化的标签，使得那些尚处在初级异常行为阶段的越轨行为变为了真正的犯罪行为。

可以说道德恐慌作为一种犯罪圈扩大化的原因是没有疑问的。但成为特定犯罪行为的致罪因素，不等于就具有了正当性。不是一切触犯道德情况的行为都应该或者说都适合进行犯罪化处理，迷信犯罪化的操作、迷信刑罚功能并不能必然带来有效治理犯罪的结果。

通过上述正反两个方面的分析，我们要意识到，从犯罪原因层面切入犯罪圈扩大化正当性依据时，需要寻找的是能够促使犯罪圈扩大化具有正当性的原因，需要摒弃的是会导致过剩犯罪化等异化犯罪化现象的因素。

---

[1] ［英］朱克斯：《传媒与犯罪》，赵星译，北京大学出版社2006年版，第83页。

第三章
犯罪圈扩大化正当性的被害人视角

如果说在追诉犯罪、惩罚犯罪的行为的过程中，犯罪人成为主体是刑事法制的一大进步的话，那么被害人逐渐"客体化"的结果则难以获得一个合理的解释。当今世界各国的刑法典确立罪名一般是从被害人一极展开的。例如，我国刑法规定的破坏社会主义市场经济、侵犯公民人身权利、民主权利等类型的罪名，西班牙刑法典规定的伤害罪和伤害婴儿罪，意大利刑法典规定的危害公共秩序罪、危害公共安全罪及侵犯公共信义罪等罪名，都是按犯罪行为危害的对象展开的。伤害对象不同，罪名不同。而刑事司法的焦点则往往集中于犯罪加害人一端，刑事司法围绕犯罪认定展开，较少考量犯罪被害人一端。从犯罪化的角度考虑，刑事立法和刑事司法在逻辑上存在着一个明显的矛盾。

一方面，刑事立法上确立罪名或者降低入罪门槛时，考虑的是被侵害对象的利益。我国刑法分则以10章300多个条文规定了各种各样的犯罪，犯罪扩大化在立法层面实际是按被害人进行分类的。例如，《刑法》第二百八十四条之一新增代替考试罪，就可以归入妨害社会管理秩序罪的范畴内。可以说，立法上的犯罪扩大化考虑的是何种利益被侵害，而无须考虑是谁在实施侵害以及如何实施侵害。

另一方面，司法上的犯罪化却以犯罪加害人的行为和权益为核心。无论是变更的解释还是取缔方式变更,司法上的犯罪化均是围绕犯罪认定展开的,考虑的是犯罪人的主客观特征、犯罪行为的具体样态。认定犯罪并不需要视被害人为必要角色。诸如刑法分则中"情节严重""数额较大"等规定,均是从犯罪人一极进行的考量,被害人利益损失较大或被害人权益的受损不是类型化的犯罪构成要件,仅仅是刑罚裁量的因素之一。

立法上以被侵害的利益作为犯罪化逻辑起点,司法上以犯罪人及其行为作为犯罪认定基础,同时遵循将犯罪嫌疑人的权益保障作为刑事司法的基本原则。二者之间的矛盾结合犯罪化在立法和司法上的反比关系使犯罪化的正当性问题愈发复杂。上文有述,犯罪化在立法上和司法上呈现反比关系,如果立法上犯罪化的触角在时空上扩张到一定程度时,必然会压制司法上犯罪扩大化的空间。立法上的犯罪化以被害人的利益为逻辑基点,立法上犯罪扩大化的趋势说明刑事立法保护的法益在不断扩大,受刑法保护的被害人在时空范围内呈增长趋势。而刑事司法执行刑法规范、进行犯罪认定时,扩张的是犯罪人的时空范围,不考虑被害人的利益。二者在正当性的依据上并不能形成紧密的逻辑勾连,甚至有些"背道而驰"。

上文建构了事实位面的犯罪圈,将其分为犯罪加害人圈和犯罪被害人圈,犯罪圈扩大化正当性在加害和被害维度上均需要充足的依据,否则难以支撑犯罪化正当性在事实位面的构架。

传统刑法学和犯罪学的研究焦点往往集中于犯罪人一极。在刑法学视域中,犯罪论是围绕着犯罪人如何犯罪展开的,刑罚论则是围绕如何处罚犯罪人以及通过处罚犯罪人实现预防犯罪的目的而展开的。在刑法学学术流派中,无论刑法客观主义和行为刑法,还是刑法主观主义和行为人行为刑法,研究范式的逻辑基点都是犯罪人,区别只在于前者关注人犯的罪、后者关注犯了罪的人。犯罪学对犯罪被害人圈同样缺乏长期研究和理论关切。德国学者汉斯·冯·亨蒂、法国学者本杰明·门德尔松等以犯罪学范式切入被害人相关问题的研究时，其关注焦点仍然是犯罪人一极，把被害人分为"无安全无辜的被害人、罪责轻于加害人的被害人、罪责与加害者相等的被害人、罪责大于加害者的被害人、负有完全责任的被害人"①。这样的分类是立基于将被害人作为犯罪原因一极的认知，其理论视域仍然囿于犯罪学传统学术范式，强调被害人是犯罪加害人及实施犯罪行为的原因。

长期以来，无论是刑法学还是犯罪学对于被害人的研究，都有附属于犯罪人及犯罪行为研究需要的趋势。从学术发展史看，犯罪人在刑事法制中有一个从客体到主体的发展过程，在中世纪欧洲罪行擅断的刑事制度中，犯罪人长期处于"客体"状态，并无相应的诉讼权利。随着现代刑事法制的发展，犯罪人各项权利得到全面的认可和保护。有学者认为，罪刑法定原则的根本精神就是有利于被告人。② 而被害人在刑事法制中则逐渐失去了主体的地位，追诉犯罪不再和被害人有实质联系，而是国家刑罚权运用的任务之一。被害人仅仅是国家追诉犯罪的证人，被害人陈述只是言辞证据的一种。这种对被害人利益关切的缺失不得不说是一个遗憾。

从建构犯罪圈扩大化正当性的理论诉求出发，有必要将犯罪被害人引入犯罪圈扩大化正当性的研究中来，这样才能完整建构犯罪圈扩大化正当性依据中的合理性因子。

作为一门综合性社会科学，犯罪学研究范式十分契合被害人的研究。在犯罪学论域中，被害人是指"犯罪行为所造成的损失或损害即危害结果的担受者"③。犯罪学上的被害人外延很广，除去自然

---

① [德] 汉斯·约阿希姆·施奈德编：《国际范围内的被害人》，许章润等译，中国人民公安大学出版社1992年版，第31页。
② 刘宪权、杨兴培：《刑法学专论》，北京大学出版社2007年版，第31页。
③ 许章润主编：《犯罪学》，法律出版社2015年版，第123页。

人外，亦包括法人、一定条件下的国家、抽象的制度、信仰乃至社会整体本身。犯罪学把犯罪行为视为一种互动，所谓犯罪互动，是指犯罪过程中加害与被害之间的相互作用、相互影响。由此，我们可以把犯罪行为的结构描绘为"加害—被害"的二元互动结构。在规范法学视域内，一个特定的犯罪行为可以没有被害人，而在犯罪学所研究的事实意义上的犯罪中，有加害就一定有被害，被害人是犯罪二元结构中不可或缺的一环。从犯罪被害人的视角切入，对于犯罪被害人的利益关切可以拓展犯罪化的价值目标，提高犯罪圈扩大化正当性在合理性层面的理论阈值。

在规范法学视域中，犯罪治理尚不构成其全部价值目标，而在犯罪学视域中，犯罪治理可以视为一切研究的最终归属。事实位面的犯罪圈扩大化绝不是为了制造一个新的犯罪人，而是为了有效治理犯罪。通过刑罚措施的运用，减少了犯罪行为或犯罪人，并不等于就一定能减少被害人。在犯罪化寻求正当性依据的进路中，如何减少被害人，保护被害人利益是完善犯罪化价值体系的重要内容。我们审视犯罪圈扩大化的现实时，不能仅仅关注被"圈"入犯罪的加害人的利益，在犯罪人圈二元结构另一极的被害人的利益同样需要关切。如果仅从犯罪加害人的视角切入，那么我们或许只能看见犯罪扩大化趋势中加害人利益保护的不足和缺陷，继而认为犯罪扩大化缺乏正当性。转换视角，将关注焦点集中于犯罪被害人，如果能做到认定一个犯罪加害人，就减少一个被害人，那么，犯罪圈扩大化正当性就可以获得一个合理性的注脚。

总体而言，犯罪被害人的利益关切能为犯罪圈扩大化正当性依据提供三个方面的理论支持：一是价值体系的完善。犯罪治理是犯罪学学科价值的出发点和归属点，减少犯罪加害人并不意味着犯罪治理目标的实现，犯罪治理既是犯罪的有效控制，也包含被害人的减少。犯罪圈扩大化的正当性既要体现在有效控制犯罪，又要反映为实质性地减少被害人。二是提供更为全面的入罪标准，奠定犯罪圈扩大的规范基础，确保被害人的利益。犯罪圈扩大化的正当性在实然层面需要体现为对犯罪化进程中各方利益的合理保护。现代刑事法制已经为犯罪加害人提供了充足的保护，即使尚有不足，也有成熟的原则可作为延伸犯罪加害人权益保护机制的基础。相对而言，被害人的权益保护制度尚未全面构建。刑事立法上的犯罪化意味着保护被害人利益在规范位面的扩大，事实位面的犯罪圈扩大化则意味着被犯罪行为侵犯利益的被害人在增加，从正当性的诉求看，需要在犯罪化的操作上进一步结合与被害人利益关切有关的制度。三是完善犯罪原因体系。加害与被害是一个二元互动的过程，被害人有可能成为致罪因素之一，通过对被害人的研究，可以丰富犯罪的原因体系。如上一章所论述的，犯罪圈扩大化只有建立在认知真实原因、消除犯罪原因的基础上才能获得正当性最为核心的依据。

通过三种功能，犯罪被害人能够为犯罪圈扩大化提供一种合理依据，与犯罪原因层面的合理性相结合，犯罪圈扩大化合理性的基础就可以表述为：立基于合理的犯罪原因，在展开进路中关切了被害人的利益。

从被害人视角建构犯罪圈扩大化的合理性基础，应结合被害人学的基础理论展开。

第一节 被害人学基础理论

一 被害人学及被害人

（一）被害人学的学理脉络

被害人学，可以理解为"以科学地探讨在犯罪发生时，被害人起着什么样的作用，被害人的态度与诱发犯罪之间有什么样的关系，加害人和被害人之间处于什么样的关系等为目的的学问"[1]。如果从"加害—被害"二元关系切入，被害人学则可以有更为广泛的内涵：被害人学可理解为"研究人们因犯罪活动而遭受的人身、情感和经济伤害的科学"[2]。从研究范式和研究对象看，被害人学和犯罪学有许多相互嵌套的内容。一个形象的说法是，犯罪学可以视为被害人学之母，二者在研究范式上都强调实证的研究方法，常见的有个案研究、问卷调查、数据分析、评估数据等，犯罪学成熟的研究方法多数可以用于被害人学。

　　龙勃罗梭在开创犯罪人类学的同时也奠定了犯罪学的研究重心。犯罪人类学诞生后，研究重点由犯罪行为的法律内容转移至犯罪人，通过研究犯罪人来寻找犯罪的真实原因。20世纪前半段的犯罪学研究几乎都是围绕着犯罪人而展开的。犯罪学的主体理论始终致力于揭示为什么具有某种心理特征或受到特定社会因素影响，再或者具有特定遗传特性的人或群体更容易犯罪。此时的犯罪学不仅研究视域囿于犯罪原因，且关于犯罪原因的研究还局限于犯罪加害人的主客观特征，而不涉及其他致罪因素。20世纪40年代起，德国学者汉斯·冯·亨蒂、法国学者本杰明·门德尔松等发现被害人在许多犯罪行为的发生中起到一定的作用，从进一步解释犯罪原因的立场出发开启了被害人学的研究。1941年，德国学者开始着手研究未成年人、老年人、精神紊乱的人等特定类型的人员的易受害性。[3] 亨蒂对上述特定人群的易受害性进行了持续关注，开启了对被害人进行社会学范式研究的进路。作为一名德国学者，亨蒂研究被害人的背景是第二次世界大战德国纳粹对被占领区犹太人实施的种族灭绝等残

---

　　[1] [日] 大谷实：《犯罪被害人及其补偿》，黎宏译，《中国刑事法杂志》2000年第2期。
　　[2] [美] 安德鲁·卡曼：《犯罪被害人学导论》（第六版），李伟等译，北京大学出版社2010年版，第2页。
　　[3] Hans Von Hentig, *Crime: Causes and Conditions*, 1st, Kessinger Publishing, 2010.

酷的现实。社会现实中被害人的残酷遭遇触发了亨蒂等人开始思考并研究被害人,开始从被害人的角度关切犯罪现象。经过几十年的发展,各国学者先后创立了个体被害性理论、生活暴露理论等诸多被害人学理论,这些理论和学说从某种程度上均是立基于深化和拓展犯罪原因体系理论需求生成的。

犯罪被害人学作为一门新兴学科,迄今其发展历史还不足60年,但发展迅速,已成长为刑事法律科学的重要分支。被害人学在很多领域有着重要的作用,诸如深化对犯罪现象的认识,完善犯罪治理体系等领域都离不开被害人学的支持。

被害人学自20世纪80年代传入我国以来,伴随着我国刑事法制改革的变迁得到了持续的发展和进步。尤其是在众多犯罪学家的努力下,被害人学既在学科理论建设上逐渐体系化,其学科建设又在立法和司法实践中不断证明着自身的价值。

(二) 被害人学的学科任务

被害人学的研究任务包括但不限于:识别、界定和描述犯罪行为对被害人的伤害;从被害人一方提供犯罪原因的解释理论;为司法制度(不限于刑事司法制度)处理被害人的实际方式提供合理化建议。

通过探寻被犯罪行为伤害的程度来完成被害类型的建构是被害人学研究所关注的基础性问题,由此形成的知识体系是被害人学完成其研究任务的出发点。关于被害人如何被害的研究,是被害人学的独特学科内容。通过全方位地研究被害对象、被害方式、被害结果、被害人权益保护等议题建构起被害人学学科体系。

被害人学第二个重要的学科任务是从被害人视角寻找犯罪原因。在犯罪原因研究中,犯罪学特别关心并着力研究的是犯罪人实施犯罪行为的动机、条件、背景,并通过这些表现解释犯罪发生的真正原因。从被害人视角看犯罪原因,其中有一种特殊的原因——被害原因。所谓被害原因，一般是指引发被害现象的因果关系，以及这种因果关系中与被害人有关的因素及其互动过程。上文我们梳理被害人学发展史时已经指出，犯罪学家关注被害人的一个重要动因正是在对犯罪原因的探索中发现了被害人与加害人之间的互动关系有可能导致犯罪的发生。通过查明犯罪被害人与加害人之间的互动关系的结构和功能，能够明晰犯罪原因的发生机制，从而为犯罪治理提供理论指引，也可以奠定犯罪圈扩大化合理性的基础。

解释司法制度对被害人的实际处理方式是被害人学的第三个重要的学科任务，这部分的研究可以和刑法学等规范法学相结合。刑法学关注被害人自陷风险等可能影响犯罪认定的问题，而被害人学则关注被害人和司法系统之间的合作与冲突，被害人与检察官、法官等司法人员之间的互动关系等。在社会公众的"直觉正义"中，刑事司法系统应当是保护无辜的守法者免受"犯罪分子"侵犯的最佳免疫系统。在我国的传统理念中，刑事司法系统更进一步的任务是帮助被害人从犯罪行为所造成的损失、伤害中得到恢复。尤其值得一提的是最后一种要求在我国社会中已然成为社会公众对刑事司法系统的特殊要求。刑事司法系统的任务不仅仅是打击犯罪行为，惩处犯罪分子，和被害人进行有效的互动同样是司法机关不能回避的任务。

犯罪圈扩大化正当性依据的建构中，需要结合被害人学上述三个学科任务展开。或者说，被害人学的学科任务中蕴含了犯罪圈扩大化正当性所需要的关于合理性的理论支撑。从犯罪圈扩大化是否有利于减少被害人这一价值目标来看，被害人的被害类型、方式、原因等知识可以为之提供理论支持。通过研究被害人被害方式、利益诉求、从犯罪被害人的利益关切的视角来建构入罪标准，可以为犯罪圈扩大化的正当性提供更为全面的入罪标准。最后，在"加害—被害"互动考察中，犯罪原因体系将得到更为全面的研究，从而进一步夯实犯罪圈扩大化正当性中的合理性依据。

二 被害人内涵及类型

（一）被害人是什么

被害人学和犯罪学有着密切的关联，对被害人的研究首先肇始于犯罪学。在犯罪学论域中，被害人的概念可以从广义和狭义两个层面解读。广义的被害人是指被犯罪行为侵犯权益的一切主体或对象，从个人到法人团体、再到国家，从个人利益到社会集体公益都有可能成为广义的被害人。狭义的被害人则特指"犯罪行为所侵害的自然人，即仅仅局限于个体被害人"[1]。犯罪学意义上的被害人的主要特征是"犯罪行为所造成的损失或损害的承受者"[2]。

广义被害人的范围是相当广泛的，包括由于犯罪行为而直接或间接遭受损害的自然人、社会团体、组织和国家。概括来说，凡是被犯罪行为所侵犯的、受法律保护的社会关系主体均可视为广义的被害人。被害性（被害人的生理、心理等个体因素和主观条件）、互动性（被害人和加害人之间的交互作用）和可责性（在加害—被害关系中，被害人作为犯罪原因的属性）是被害人三个基本属性。

需要指出的是，被害人的概念在犯罪学和刑法学、刑事诉讼法学中有着完全不同的含义，它们之间的区别并不是广义狭义之分。刑法学主要是一门规范学科或者说司法学科，[3] 刑法学理解的犯罪是规范意义上的犯罪行为，由此类行为侵犯的对象才是被害人。被害人在刑法学中并不处于中心地位，主要服务于犯罪认定的需要。刑事诉讼法学中，被害人是刑事诉讼的当事人，其陈述可以作为一种证据形式。此时，被害人可以视为国家行使刑罚权追诉犯罪的证人。

---

[1] 参见汤啸天等主编《犯罪被害人学》，甘肃人民出版社1998年版，第2页。
[2] 李伟主编：《犯罪被害人学教程》，北京大学出版社2014年版，第1页。
[3] 张明楷：《外国刑法纲要》，清华大学出版社1999年版，第4页。

本书定义的犯罪人圈是从犯罪学的视角出发，顺延此逻辑采纳的是犯罪学意义上狭义的被害人概念。

（二）被害人的类型的意义

研究被害人类型主要意义在于两个方面：一是能够全面建构被害人利益保护机制。在犯罪学看来，对犯罪加害人进行刑事处罚并不代表被害人利益得到了保护和补偿。处罚犯罪仅仅是国家追诉犯罪的胜利，而不是被犯罪行为危害的具体承受者的胜利。研究被害人类型，合理划分被害人形态，有利于构造全面的被害人利益保护机制。二是构造完整的犯罪原因论体系。在"加害—被害"的构架中，被害作为犯罪现象的一极，在某些情况下，具备催化、促发犯罪的作用。将被害人类型化，有利于构造出犯罪原因的动态图景。进一步看，被害人的类型不同，揭示的犯罪加害人的犯罪原因、罪过形式就不同，可以为刑事责任的确定和刑罚措施的运用提供合理依据。规范法学视域强调的准确量刑和公正审判，犯罪学倚重的犯罪预防的综合治理措施均需要科学的被害人类型提供理论支持。同时，不同被害人的诉求，也可以为国家是否进行犯罪化提供一个考量因素。

从被害人学诞生之初，学者们就开始着重研究被害人类型。根据研究目的和原则的不同，被害人可以做不同的划分。法国犯罪学家门德尔松从"加害—被害"的互动关系出发，着重考察被害人在犯罪互动中作为犯罪原因的类型。按照被害人责任递增的逻辑提出了五种类型的被害人：无安全无辜的被害人、罪责轻于加害人的被害人、罪责与加害者相等的被害人、罪责大于加害者的被害人、负有完全责任的被害人。[①] 这是学术史上最早的系统划分被害人类型的理论，之后，各国犯罪学家在门德尔松的基础上，进一步就被害人

---

① ［德］汉斯·约阿希姆·施奈德编：《国际范围内的被害人》，许章润等译，中国人民公安大学出版社 1992 年版，第 31 页。

的类型进行了归类和划分。法国犯罪学家塔尔德（Gabriel Tarde）在修正门德尔松的所做划分的基础上，提出了未参与型、潜在型、挑衅型、参与型和虚假型的分类方法。[1] 从划分类型看，塔尔德在学术理路上和门德尔松是一脉相承的，同样是在被害人与加害人的互动中寻找犯罪原因。此外，塔尔德十分重视犯罪的社会学因素，提出了模仿规律（Laws of Imitation）理论，认为犯罪及其他任何社会现象都是模仿的产物，犯罪现象的演进存在于人们的接触过程中。[2] 根据其模仿规律，犯罪的发生是在人与人的社会交往中，通过接触，人们学会了犯罪，这种接触包括对被害人的接触。除了从犯罪原因的层面划分被害人类型外，还可以按年龄将被害人划分为成年被害人、未成年被害人、儿童被害人；从性别上将被害人划分为女性被害人、男性被害人等。

在犯罪圈扩大化寻找正当性依据的进程中，被害人类型的划分有利于精准定位致罪因素、确定被害程度。在犯罪圈扩大化的客观进程中，一个新增的罪名需要建立在加害和被害两端的治罪因素之上才能够获得正当性的全面依据；司法实践中一次具体的犯罪认定既要考虑犯罪人正当诉讼权利，又不能罔顾被害人权益（不局限于刑事诉讼上规定的程序性权利）。犯罪圈在被害人一极扩大化的正当性的依据和被害人类型有着联系密切，只有能全面保护各种类型被害人利益的犯罪圈扩大化才可以被视为具有合理性基础的。

三 被害人的"再发现"及意义

（一）被害人地位的变迁

刑事法制文明进步的一大体现就是犯罪人的权利保障日益得到

---

[1] 参见 [德] 汉斯·约阿希姆·施奈德编《国际范围内的被害人》，许章润等译，中国人民公安大学出版社1992年版，第31页。

[2] 参见吴宗宪《西方犯罪学史（第二版）》（第二卷），中国人民公安大学出版社2010年版，第616—617页。

重视。在刑法和刑事诉讼法等法律法规日益完善的同时，犯罪加害人在犯罪追诉过程中不再是国家刑罚权针对的客体。加害人即使犯了重罪，也不再仅仅是刑罚运用的对象，其权益保护甚至是刑罚运用是否正当的依据，可以说，现代刑事法制确保了加害人能得到公开、公正的侦查、起诉和审判。而被害人的权益和地位似乎正被人们所遗忘，没有人认为一个犯罪追诉的正当性依据需要从被害人的角度予以考虑。故意杀人案中，无论被害人及其家属的被害情景如何，受伤害程度如何，都不能在实质上影响犯罪认定的基本逻辑，只能是犯罪认定的辅助材料。回顾规范法学围绕我国刑事修法正当性的探索进程，多是从犯罪人的角度来考量犯罪扩大化是否正当，缺乏从被害人的利益诉求考量犯罪化正当性问题的研究。

回顾法律制度史，被害人曾经是处置犯罪的主要角色。尤其是在法治未明的时代，被害人及其家属对犯罪进行同态复仇是一种常见的处置犯罪的社会现象。被复仇的原犯罪加害人的家属或其后代有可能对原犯罪行为被害人的家属再次实施复仇行为也并不罕见。这样，无休无止的复仇直到一方被完全消灭。

在农耕时代，犯罪处理程序以被害人为主的根基在于社会关系围绕在人格化义务、清晰的家庭纽带、强烈的宗教信仰以及神圣的传统建立。[①] 这样的历史图景其实已经告诉我们犯罪治理不仅和法律规范有关，道德、宗教等因素亦不可少。随着社会的发展，工业文明带来了社会结构质的变化，被害人在犯罪处理程序中的地位日益下降，国家成为了刑罚权的唯一主体。在国家刑罚权的运作中，专业的司法人员诸如警察、检察官、法官们负责适用国家刑罚权。在国家刑罚权的使用过程中，作为刑事处罚对象的犯罪加害人所受到的法律和社会舆论的关注远远大于被害人。这种现象背后的逻辑是：

---

① 参见［美］安德鲁·卡曼《犯罪被害人学导论》（第六版），李伟等译，北京大学出版社2010年版，第33页。

当犯罪行为被发现，国家刑事司法系统开始运转时，关键的因素和主要的目标不再是谁被害了，而是如何正确行使国家刑罚权。的确，既然刑罚权不再属于被害人，那么国家建构的专业化的行使刑罚权系统自然只需要服从行使权力之需，至于被害人的权益保护，那仅仅是刑罚权行使中附带需要关注的内容。这种关注或出于道义，或出于管理需要，但都不是必须的。

在如何正确行使国家刑罚权这一主要目的中，保护犯罪嫌疑人和被告人成了一重要内容。因为人们认为，相比犯罪加害人来说，国家似乎更有能力也更有可能实施具有更大危害的行为。西方古典政治学把国家视为必要的"恶"，刑罚权的运作中包含对国家刑罚权的限制无疑是合理的。在这一逻辑中，被害人所受损害不再是主要的问题，国家刑罚权的运作需要考虑恢复被犯罪侵害的社会秩序，被害人权益也是恢复的内容之一，但不是首要内容。如果社会秩序在国家运用刑罚措施后得以恢复，被害人利益就不再是刑事法制关注的重点了，此时国家运用刑罚权的任务已经完成。

被害人再发现运动正是基于打破上述传统刑事法制运作逻辑而产生的。再发现被害人的初始目的并不涉及犯罪化正当性的议题，但在被害人权益日益凸显的进程中，被害人再发现运动发现的不仅仅是被害人，还包括犯罪圈扩大正当性依据所需要的合理性因素。

（二）被害人再发现的理论意义

被害人的再发现，实质上是刑事司法系统对被害人权益的再度关切，再发现的不是被害人，而是被害人的权益所在。被害人再发现是一种立基于社会需要的司法实践活动，而不是学理上的再发现。

被害人的再发现在刑法学等规范法学和犯罪学等事实学之间有着不同的理论主题。被害人再发现之于规范法学，是在成熟的理论体系中引入新的研究视角，之于犯罪学，则是新的价值导向下的全新的制度建设。在规范法学领域，被害人在刑事实体法和程序法中有着特殊的理论意义。实体法中,犯罪论、刑罚论、刑事责任论等议题在不同程度上需要考量被害人因素。程序法中,被害人的救助与补偿制度等议题是完善刑事诉讼程序的主要方向。在规范法学中,被害人再发现的理论意义不具有"独立性",需要依附于既有理论体系的结构,有学者曾总结道:"被害人视角并不意味着分析问题时考虑被害人的偏好和态度,这样的主观标准必将引发法制的不统一与刑法适用上的不平等。相反,应从规范的角度去界定被害人视角,即评估犯罪对被害人的影响的标准应该是客观的"[1]。这一论述明确指出,规范法学视域下的被害人视角仍然要被赋予规范性,才能和相关理论对接,才能获得理论价值。

与规范法学不同的是,"被害人视角"在犯罪学研究范式中具有重要且独立的学科地位。犯罪学在"加害—被害"的关系中寻求的不是一种依附于某种既有理论的结果,而是须臾不离被害人利益关切的理论思考。例如,在女性被害人、儿童被害人为主题的研究中,犯罪学坚持了被害人导向。这种导向下,合理犯罪预防措施才得以建立。

被害人的再发现在犯罪学中,形成了一种应当说是改变观念的方法。犯罪是人对人所实施的行为,对于犯罪人和被害人之间具体关系的研究是极为重要的,特别是在已经发现被害人的态度或者气质是导致犯罪的重要因素情况下,更需要我们持续关注被害人,不断"再"发现其理论意义。被害人再发现运动使被害人学在犯罪学中所占的地位开始变得越发重要。

犯罪学从学科建设开始,主要精力就放在了犯罪加害人实施加害行为的原因、样态上,而对被害人的研究则鲜有关注。即使是被害人学的先驱,亨蒂、门德尔松等人,在研究"加害—被害"关系

---

[1] 劳东燕:《被害人视角与刑法理论的重构》,《政法论坛》2006年第5期。

时，也是从加害一端顺着"寻找犯罪原因"的脉络，梳理到被害人一端，将被害人作为加害人犯罪原因的一极加以考察研究。犯罪学的先驱菲利认为："犯罪人犯罪并非出于自愿；一个人要成为罪犯，就必须使自己永久地或暂时地置身这样一种人的物质和精神状态，并生活在从内部和外部促使他走向犯罪的那种因果关系链条的环境中。"① 犯罪学家不断发掘、寻找犯罪原因的同时，意识到犯罪者自身的情况（生物因素、心理因素）是偶然的和不具有决定意义的。这样的认识具有一定的合理性。但我们可以追问的是：既然那些实施了诸如抢劫、盗窃、杀人、强奸等犯罪行为的人都可以找到"客观事由"，从而获得法律赋予的制度性保障措施，而那些无辜的、遵纪守法的、需要保护的被害人呢？对被害人的忽视不仅仅是某一学科的问题，而是一种长期的体制性的忽视。

在犯罪学高度发达的美国，20世纪70年代开始，掀起了被害人再发现的潮流，相对于犯罪加害人所受到的关注而言，被害人的权益被漠视太久了。之后，被害人再发现在欧美等国发展壮大起来。被害人再发现运动有着重大的现实意义，关注儿童被害人、女性被害人权益，设立被害人援助制度，这些至今仍然在犯罪治理中发挥重大功能的制度均是在被害人再发现运动中形成的。在被害人再发现运动中，英国制定了诸如《家庭暴力、犯罪与被害人法案》等法律法规，成立了全国防止虐待儿童协会（National Society for Prevention of Cruely to Children）。②

当代中国社会的急速发展对犯罪学学科提出了更多的要求，一些颇有价值的目标，诸如科学有效地预防犯罪、抓获更多的罪犯、

---

① ［意］恩里科·菲利：《实证派犯罪学》，郭建安译，中国政法大学出版社1987年版，第9—10页。
② 参见［英］卡洛琳·霍伊尔（Carolyn Hoyle）、卢西亚·泽德纳（Lucia Zedner）《被害人、被害与刑事司法》，缪爱丽、张晓艳译，《牛津犯罪学指南》，中国人民公安大学出版社2012年版，第355—373页。

合理地分配治理犯罪的开支等均离不开对被害人的关注和研究。我国的社会治理面对犯罪现象同样需要追求这些目标，在刑事修法中，犯罪化的修法倾向正是应对社会结构变迁中犯罪现象的一种措施，如何为这种措施提供合理化建言，规范法学已经给出各种解答。而犯罪学家们在这一领域却失言了，对刑事修法，除了针对"犯罪"本身做出分析研究外，被害人视角也应当成为切入的角度之一。在"加害—被害"的结构中，如果还仅从加害端切入犯罪化的研究与思考，那么结论显然是失衡的。韦伯（Max Weber）指出，"现代刑事司法观认为，公众对道德或自我利益的关切，要求规范遭到违反时应进行抵偿，这种关切在国家机关对作恶者施加的惩罚中得到了体现，但作恶者也应享有正规程序的保护。另外，侵犯了私人的权利，则受害方理应得到补偿，后者的行为不是导致惩罚，而是恢复法律所保护的状态。"[1] 韦伯的观点表明了被害人在当代刑事法治中的重要意义——处罚犯罪人不是刑罚的目的，恢复法律所保护的状态才是。被害人的再发现，催生了诸如恢复性司法、刑事和解等制度，这些制度之上，是恢复法律所保护状态的根本要求。被害人的各种利益作为刑事法规所保护的状态，为犯罪化正当性提供了合理性的知识平台，在被害人再发现过程中逐步成熟的各种制度——诸如被害人补偿制度、刑事和解制度等——均为犯罪化合理性提供了制度支持。

被害人在犯罪的发生和预防中发挥着不可或缺的作用，犯罪的发现和刑事诉讼同样离不开被害人的参与，这使得刑事政策制定和执行部门越来越意识到被害人在参与犯罪防控工作中的重要性，希望能够采取可行的政策吸引被害人的参与。同时，社会发展和司法改革实践使人们发现犯罪被害人处于被刑事司法制度"利用"和被

---

[1] ［德］马克斯·韦伯：《经济与社会（第二卷）上册》，阎克文译，上海世纪出版集团2010年版，第788页。

遗忘的境地，被害人的权益在刑事诉讼中被严重忽视。为此，恢复被害人在刑事司法中应有的地位，保护其合法权益，成为我国乃至世界刑事司法改革的重点内容和发展趋势。

犯罪学对被害人的研究在早期是以探明"与犯罪有关的被害人"为主题的。我们从上文列举的被害人分类中可以看出当时理论研究目标中被害人依附加害人的倾向。被害人的再发现将视线转移到"对被害人的保护"上去。一个最为重要的结果便是将过去所强调的重点由"嫌疑人、被告人、犯人的人权保护"向"对被害人的人权保护"方向发展。这种被害人导向的发展趋势形成了一系列包含被害人利益关切的理论反思和制度安排。

被害人再发现之于犯罪化正当性有着许多重要的理论意义。从犯罪学角度看，犯罪这种价值事实的扩大化同时意味着犯罪人和被害人的扩大化，犯罪人一极的正当化议题已经有了诸多论述，而被害人一极则较少有人提及。被害人的再发现虽未直接涉及犯罪正当化的议题，但其对被害人利益的关切以及由此所建构的各项制度同样可以为事实位面确立犯罪化正当性提供更为全面的理论依据。

第二节　犯罪圈扩大化正当性的价值体系的完善——减少被害人

从被害人一极看犯罪化正当性，最为重要的一个依据是看犯罪化是否有利于减少被害人。在本书第一章的论述中我们看到规范法学围绕犯罪化正当性的各种批评的内在逻辑基点是不要犯罪化，减少犯罪人。一旦犯罪化进程展开，则意味着有人要被追究刑事责任，社会生活中会多一个犯罪人。相比于犯罪人，国家处于强势地位，强调保障犯罪人的人权保障、坚守刑法谦抑性原则在逻辑上是自洽的，逻辑背后也蕴含着深刻的法治精神。刑法是关于犯罪与刑罚的实体法，刑事诉讼法是追诉犯罪的程序法，规范法学以"犯罪"为核心内容，犯罪论研究如何定罪、刑罚论研究如何处罚，侦查程序明确证据收集的法定程序、证据类型指明收集定罪证据的方向。在这些研究议题中，被害人是否存在以及多大程度上需要存在并没有特别重要的意义。

但一个显而易见的逻辑矛盾是，既然在"国家—犯罪人"二元体系中有保护犯罪人合法权益的必要，这种必要赋予了犯罪化正当性的基础。那么，在"加害人—被害人"二元体系中，作为犯罪行为的承受者，被害人的权益难道就没有保护的必要了吗？现代刑事法制中，刑罚权专属于国家，绝无与被害人分享的余地，但不能作为权力主体并不代表要成为权力的旁观者。国家刑事立法权和司法权不断塑造犯罪人的同时，其正当性依据不能失去被害人视角。被害人再发现从被害人利益保护的需求出发，能够给予犯罪圈扩大化更为全面的合理性基础。被害人利益的最大化不仅仅体现在其被犯罪行为侵犯的权益是否得到了较为完善的保护，从逻辑上看，其利益关切的最大化体现在"不是被害人"。当下批评刑事修法犯罪化的主流观点认为刑事法制不应过分增加犯罪人，同样的逻辑，犯罪化在事实的进程中也应考虑不应增加被害人。与其在社会中多一个被害人，然后再去建立相应制度保护、补偿其各项受损权益，不如通过建好制度屏障，使人们不需要、不应该、不能变为被害人。在被害人的角度看，犯罪圈扩大化的正当性应从不增加被害人提升至减少被害人。上文的统计数据已然表明我国犯罪化不仅是一个刑事立法活动，更是一个已经发生的客观事实。在犯罪化的进程中，减少被害人是不可或缺的价值指引。

一 减少被害人的内涵

（一）减少被害人的基本概念解析

减少被害人的内涵并不像其字面意思一样简单。放置于犯罪圈扩大化寻求正当性依据的进程中，减少被害人是一种价值指引或者一种基本原则。

首先，减少被害人原则中的"被害人"应是犯罪学意义上狭义的被害人。上文我们就被害人的概念做了分析，最为广义的被害人概念过于宽泛，且和犯罪学意义上的犯罪概念不完全匹配。而刑法学等规范法学意义上的被害人的外延又过窄。对于故意杀人行为的被害人来说，一个12岁的未成年人还是15岁的未成年人来实施杀人并无本质区别，但从规范法学的角度看，12岁未成人不会进入到刑法或刑事诉讼法的视野中。在犯罪化进程中，有很多以前不是犯罪行为，而现在是犯罪的行为，如果不采取犯罪学意义上的被害人概念，就很难为行为何以成为犯罪提供实质性解释，而有些行为成为被"法定"的犯罪之前，其行为侵害对象就一直存在，因此，采取外延上宽于规范法学被害人的犯罪学概念是十分有必要的。

其次，减少的含义应做多方面的理解。如果从犯罪一极来看，减少犯罪无论作为一个过程还是结果似乎都是十分明确的。但细究下，则不尽然。国家通过刑事立法，在罪刑法定原则基础上确立了犯罪认定及处罚的法律规范，这些法律规范明确了刑罚权运用的对象及方式。通过刑法确立盗窃罪，通过刑事诉讼程序追诉盗窃罪犯罪嫌疑人的刑事责任。成功追诉后，一个盗窃犯正式产生。这样一来，刑罚运用的结果恰恰不是消灭犯罪，而是增加犯罪。每一次刑罚措施的运用都在产生犯罪。当代刑法学将刑罚的目的分为一般预防和特殊预防，然而无论是哪一种，所预防的均是"可能的犯罪"，所产生的都是实际的犯罪人。在罪刑法定原则下，刑罚权的运用以犯罪行为的实际发生为基础，刑法和刑事诉讼法学处置的是作为历史的犯罪事实，追求的是作为未来的犯罪减少。减少犯罪所减的只能是未然之罪。

分析至此，我们再将视角转至减少被害人。很明显，减少被害人同样是减少潜在的被害人，而不是已然发生的被害现象中的被害人。如果结合犯罪圈扩大化正当性的诉求来看，减少被害人的内涵则会更为复杂。犯罪化正当性要求在进行犯罪化操作时考虑是否有利于减少被害人，如何判断是否有利于减少被害人在规范和事实位面有不同的要求。

规范意义上，犯罪化包括了立法和司法上的犯罪化。规范位面减少被害人主要和刑事立法上新增罪名及刑事司法上相应罪名的扩大解释有关。当刑事法制场域新增一罪名后，意味着刑罚措施的运用得以扩张。而管制、拘役、有期徒刑乃至死刑等刑罚措施和被害人减少并无直接关联。犯罪加害人和被害人在数量上并无直接的关联，一个故意杀人罪的犯罪嫌疑人可能对应数名乃至数十名被害人。加上犯罪黑数的存在，我们更难将犯罪人数的减少和被害人的减少直接画等号。被害人在社会生活中的数量和规范意义上罪名的增减并无统计学意义上的逻辑关联。

前文有述，不是因为新增一个罪名后，才有犯罪行为，而是先有行为后有规范。因此，我们要考虑如果一个行为以其他法律规范处置更有利于因此类行为利益受损的人，那么就不宜进行犯罪扩大化的操作。减少被害人在规范意义上和刑法的谦抑原则的内在价值相似，只是切入的角度不同。从减少被害人角度看，是否犯罪化一个行为，需要考察被害人被侵害的利益、被害原因、被害方式、被害结果等因素。如果犯罪化扩及的行为仅仅有利于犯罪认定，缺乏对被害人利益损失的关切，甚至有损被害人利益，这样的犯罪化操作显然不具有正当性。

事实上的犯罪化中,减少被害人和规范位面相比,有着别样的图景。上文我们分析了事实意义上的犯罪化的两种进路:一是社会发展带来了新的具有社会危害性的行为,二是有新的权利需要保护。减少被害人作为事实意义上犯罪化的价值指引,同样遵循上述两种进路展开:一是考虑社会发展带来的新的行为样态的具体内容,其对社会不特定主体是否存在潜在的威胁以及如何规制更为合理。从风险社会的角度考虑,诸如转基因、信息网络技术等新科技的利与弊需要慎重考虑。二是从权利保护的角度考虑,当代社会的发展深刻地改变了人们拥有权利的形式和路径。例如,网络游戏中虚拟财产的出现改变了人们对财产权形式意义上的认知,刑事法制将触角从传统的汽车、货币等可视化财产移到存储于硬盘的以比特为单位的数据。此时,事实意义上犯罪化已然扩大。作为正当性的依据,减少被害人要求综合考虑犯罪行为和被侵害权利的现代化,从是否有利于保护被害人权利、减少被害人来考虑新科技运用利弊,从权利变迁来寻找减少被害人的方法。

(二) 被害率——减少被害人的统计指标

在认识了减少被害人的内涵后,我们还需要一个合适的技术性指标作为减少被害人的评判标准。减少被害人的统计学意义上的工具是被害率。

在我国的犯罪统计中,最为重视的概念是犯罪率。犯罪率一般被认为是犯罪学中的概念,通常是指"一定的犯罪量与一定人口数的比率,一般用每1万人口的犯罪数量表示。"[1] 从犯罪率的概念可以看出,其作为立法和司法机关判断社会犯罪总体状态的核心依据有两个:一是人口数,二是犯罪量。由此我们可以直观地发现犯罪

---

[1] 王洁:《重新审视犯罪率:概念结构、表现形式及价值分析》,《中国人民公安大学学报》(社会科学版) 2017年第5期。

率统计的缺陷：不能真正反映一个社会特定阶段犯罪危害的真实情形。如果作为犯罪率分母的人口基数大，犯罪率自然就被稀释了，但犯罪的绝对数量并未真正减少，甚至还会增加。

对此，我们需要将被害率作为更为科学的统计指标。被害率是指"一定时间内犯罪的被害人数与一定人口数的比率。"① 一个行为被犯罪化后，如果能及时跟进、有针对性地进行统计相关数据，那么，犯罪化在事实层面的正当性就可以有一个更为全面和合理的依据。被害率之于犯罪圈扩大化正当性依据的建构有三个技术性优势。

一是被害率更接近犯罪真实状况，为评估犯罪化是否具有正当性提供科学的数据支持。一个社会在特定时段内的犯罪情况的真实状态是犯罪化正当性实质性依据。如果犯罪化特定行为后，相应的犯罪行为及其社会危害并未减少，那么人们是很难接受这样的犯罪化措施的。而反映特定社会犯罪情况最为准确的工具就是被害率。在社会人口中每多一个罪犯，除非该罪犯被司法机关处置，否则犯罪率并不会增加，但每多一个被害人则意味着这个社会总人口中的确多了一起犯罪行为。被害率的统计能有效避免犯罪黑数以及司法机关执法不规范等干涉因子，可以准确反映犯罪的真实情况，从而为犯罪化的正当性提供更为科学的数据支持。

二是被害率有助于指引犯罪治理，为犯罪化如何具备正当性提供引导。被害人的实际数量才是犯罪这种社会现象最为集中的体现，减少被害人才是衡量一个社会犯罪状况的有效指标。在犯罪学看来，犯罪化在价值目标上和有效治理犯罪、维护社会的整体安全度有关。犯罪率低并不代表犯罪数量少，不能为如何犯罪化提供正确且科学的方向。从被害率切入，有被害必有犯罪，犯罪化的结果通过被害率的统计可以得以清晰体现，从而为立法和司法上的犯罪化如何确

---

① 王洁：《重新审视犯罪率：概念结构、表现形式及价值分析》，《中国人民公安大学学报》（社会科学版）2017年第5期。

保正当性明确切入点。

三是可以细化犯罪发生的时空特征，使犯罪化正当性在微观具有科学的依据。犯罪学为犯罪化正当性提供的依据不局限于宏观上刑事立法整体推动犯罪化的趋势分析，具体的个罪是否有必要以及如何展开犯罪化工作同样需要犯罪学的理论支持。被害率统计中，可以针对具体个罪展开，动态地把握犯罪现象的真实状态。上文我们曾展示了诈骗罪和抢劫罪的统计数据，虽然是从犯罪一极统计，但我们仍然可以清晰地发现两个罪名在现实中扩张和限缩的具体情况，如果能进一步结合被害率的统计，将会更为清晰地反映个罪的变化，从而为相应罪名犯罪化的操作提供更为科学的数据支持。

二 减少被害人原则的理论价值

在犯罪学视域中的犯罪化正当性依据生成于社会生活中，社会生活发展变化，正当性的内涵必然也会发展变化。在上文我们呈现的被害再发现理论中，恢复性司法制度、刑事和解、被害人补偿制度均是在"发现"犯罪现象中尚有被害人的利益需要关切和保护情况下产生的。被害人再发现所要发现的内容除了制度层面直接地对被害人利益关切外，更需要的是在制度之外建立以被害人为核心的价值体系。在刑事法制的发展史中，对犯罪加害人人权保障的增强绝不是被害人从惩治犯罪的主角到旁观者的合理因素。犯罪化正当性进程中不应将被害人放置于旁观者的角色。

减少被害人原则之于建构犯罪化正当性依据的价值指引相对仅从犯罪加害人一极的考量有着三个方面的优势：一是提供犯罪化正当性价值标准的逻辑更为严谨；二是更为全面地建立当代刑罚体系；三是可以完善刑罚理论基础。

（一）完善犯罪圈扩大化正当性的建构逻辑

从减少被害人的原则出发，即便是被害人再发现中所建立的各种关切被害人利益的制度仍然不能满足事实层面犯罪圈扩大化正当性依据的全部需求。① 无论是恢复性司法还是被害人补偿制度，均是被害人的利益已然受损的情况下的后发性措施。对被害人而言，其最大的利益诉求就是不要成为刑事犯罪的被害人，一切"事后"的制度都不能真正做到减少被害人。

减少被害人原则之于犯罪化的正当性价值指引在时空上的最佳切入点是犯罪"前"，这是和从犯罪加害一极对犯罪化正当性进行价值评价最大的不同点。无论是刑事古典学派基于意志自由所强调犯罪加害人的人权保障，还是刑事实证学派从社会防卫理论出发建构的犯罪预防机制，都是一种犯罪"后"的评价体系。其逻辑展开的基点是犯罪已经发生。此时，犯罪已经发生，被害人已经产生。当人们需要考察特定行为犯罪化正当性依据时，关注点就被集中于犯罪后的各种情景，即使是在考察一个尚未被犯罪化的行为，人们思维的逻辑仍然是"如果这个行为被犯罪化，犯罪人或者预防犯罪的目的能否有效实现"。在这样的逻辑下，正当性依据往往会变成一个解释性理论，用于解释一个犯罪化行为为什么会是正当的，而不是去告诉立法和司法机关在扩大化犯罪认定前，应当由什么样的依据来赋予犯罪化正当性。

如果将减少被害人原则引入犯罪化正当性依据的建构过程中，正当性的依据除却解释功能外，其价值指引功能将会更为清晰。在立法者思考司法应当新增一个罪名时，引入减少被害人原则，通过对相似行为在犯罪化后被害率的统计数据，可以较为科学地评估犯罪化的合理性；在司法机关考虑是否应当降低一个犯罪的入罪门槛

---

① 当然，这些制度是判断犯罪化制度必不可少的。例如，从恢复性司法理念看，犯罪化的必要性中要考虑潜在犯罪化对象所造成的损害是否能够通过恢复性司法措施予以弥补。如果答案是否定的，我们则需要考虑其他措施的运用，而不应一味强求犯罪化的操作。

时，对这样的举措是否能有效减少被害人进行科学评估，可以合理把握犯罪化后的被害人各项权益的变化，在犯罪化之前建构起正当性的防火墙。

（二）建立更为全面的刑事处罚法律关系

在当代刑事法制体系中，犯罪化正当性讨论的场域主要存在于"国家—犯罪"的体系中，事实上刑事法律关系结构可以拆分为三对：一是国家与犯罪人之间的关系；二是国家与被害人之间的关系；三是犯罪人与被害人之间的关系。[1] 从刑事法制运作的实际情况看，无论是实体上的罪刑法定、罪责刑相适应、刑法平等适用，还是程序法上的无罪推定、公平审判等原则均是围绕着"国家—犯罪人"之间的法律关系展开的。在"国家—犯罪"二元关系中，犯罪化正当性的议题被限定在了国家和犯罪之间，国家拥有刑罚权，对犯罪人有人权保障的义务。犯罪人对于刑罚权的运用拥有充足的发言权和参与权，对刑罚权运用的结果具有实质性的影响。犯罪人权益（包括已经被追诉的犯罪人和尚未被追诉的犯罪人）的保障成为了犯罪化正当性的一个重要依据。在"国家—被害人"的法律关系中，刑事和解、被害人补偿等制度在被害人再发现运动中逐步建立。国家成为了被害人的代言人，被害人利益的保护由国家来完成。与这两对法律关系相比，"犯罪人—被害人"这一对法律关系较少有人关注，因为在犯罪人和被害人之间始终横亘着"国家"这一角色。在不能否认国家是刑罚权唯一的拥有者的前提下，无论是从犯罪人，还是被害人切入，犯罪化正当性都需依赖于国家公权力的运用。而这种运作逻辑的缺陷是显而易见的。

其一，处置犯罪人和被害人的方式不对等，犯罪人和被害人权益保护力度失衡，犯罪化正当性原则难言全面。在当代社会法治国

---

[1] 劳东燕：《事实与规范之间：从被害人视角对刑事实体法体系的反思》，《中外法学》2006年第3期。

原则下，犯罪不再是一种私人行为，而具有某种公共性，国家取代被害人成为犯罪的控诉者与惩罚者。国家处置犯罪是一种公法行为，犯罪人和国家均是主体地位，且国家负有保障犯罪人人权的义务。而对于犯罪行为的受害人，在国家追诉犯罪的过程中是没有足够的发言权的，甚至其受损利益的补偿都需要国家来认可。犯罪加害人对被害人有赔偿义务，但这种义务是私法性质的，如果犯罪加害人对被害人的利益不愿或不能赔偿，被害人只能通过国家来实现其权益。由此，在处置犯罪这种社会现象的过程中，国家与犯罪人之间按公法属性的程序展开，被害人和犯罪人之间只能按私法属性的程序展开。犯罪人可以直接向国家主张权利，且其权利保护能够成为犯罪化正当性的依据之一，而被害人不能直接向国家主张权利，且权利保护和犯罪化正当性没有必然关系。

其二，犯罪化正当性建构的逻辑缺失，犯罪化的价值目标难以完整实现。本书第一章论述犯罪化价值目标时曾分析过，犯罪化最大的价值目标恰恰是不要犯罪化。通过上文我们分析犯罪率、被害率等数据可知，发现犯罪真实变化情况需要通过被害率这一统计指标，被害人的被害情况才是一个社会犯罪圈实际状况的真实反映。犯罪化要能合理反映减少社会生活真实存在的犯罪现象，必须通过被害人的减少来实现。被害人的减少离不开"犯罪人—被害人"的法律关系，且这种法律关系不能仅仅定位于私法性质，否则，于被害人减少的价值目标毫无助益。

综上所述，在犯罪化正当性原则中引入减少被害人原则，不能仅仅立足于救助被害人或者保护被害人权益的层面。结合当代刑事法制的三种法律关系，我们要意识到减少被害人作为一种价值指引，所影响到的是刑事领域国家与个体之间权利义务分配的基本关系。减少被害人的价值目标能够黏合刑事法制三个主体之间三种不同性质的法律关系。如果我们在刑事法制运作的过程中，把减少被害人视为同保障加害人的人权一样，都是刑事法制的基本任务，那么，国家、被害人和犯罪人之间的法律关系可以表述为"国家—被害人—犯罪人"的三元结构，不再是两两对应的三对法律关系。由此展开，以被害人为犯罪核心建构的犯罪化正当性原则，既可以保障国家作为刑罚权的"垄断者"的法治要求，又可以作为确保被害人和犯罪人之间的权益保护的平衡器。坚持减少被害人的价值追求，除了能克服上述两个缺陷外，还能在另外两个方面进一步从实犯罪圈扩大化的合理性。

第一，限权更全面。国家刑罚权的无限扩张，在规范和事实层面都会不断侵蚀公民自治权利的空间，使犯罪化处于过剩状态，从而失去正当性基础。当代刑事法制中诸如罪刑法定原则、罪责刑相适应原则等均是从犯罪人的角度展开的限制国家刑罚权的方式，可以为犯罪加害人圈的扩大化提供正当性依据。这种正当性依据建立在规范意义上对国家权力的合理限制之上。从"国家—被害人—犯罪人"三元结构出发，将减少被害人作为国家权力限制的抓手，强调被害人实际数量的减少，以被害人的核心利益作为国家权力的边界。这样，我们在加害和被害两端都可以合理限制国家公权力的运用，从而塑造出更为全面的犯罪圈扩大化正当性依据。

第二，保护更全面。刑事法制追诉犯罪，无论是程序正义还是实体正义，犯罪人已经有了足够的表达权利的话语权，即便是实际操作中有各种瑕疵，但至少刑法体系中已经有了一套成熟的范式来呈现犯罪化一个人是何以正当地展开的。引入减少被害人的价值目标，将其作为刑事法制的一个基本任务，将刑法保护范畴在事实意义上进行扩大，可以使得犯罪圈扩大化在被害人一极得到正当性的依据。当代社会的政治法律构架中，国家处于强势一端，传统的社会契约论强调国家和个人的契约关系，明确社会契约的目的是"寻找一种结合形式，使它能够以全部共同的力量来卫护和保障每个结合者的人身和财富"①。这当然是一种理想状态，但也告诉了我们，国家权力运用过程中，对国民个人权利保护得越全面，其权力运作的正当性越充实。在犯罪化展开进程中，国家需要兼顾犯罪人和被害人的权利保护。社会生活中，一个公民是成为合同诈骗的被害人，还是合同纠纷的一方，是犯罪化操作需要考虑的关键问题。如果说，合同纠纷更能维护受损失一方的利益，那么，犯罪化的进程就应该终止，不需要再制造一个合同诈骗罪的被害人。

（三）完善刑罚理论基础

一个行为被犯罪化后就意味着刑事处罚的到来。刑罚作为最为严厉的制裁手段，是否能合理运用在很大程度上决定了犯罪化进程是否具有正当性。减少被害人原则能够优化当代刑事法制体系中的刑罚理论基础。

域外学者曾经指出，"现代刑法在坚守个人的可谴责性作为责任条件之要求的同时，又将一套兼具谴责与惩罚的体系制度化为社会控制的手段（实现体系的预防目的），二者之间存在内在紧张"②。在现代刑事实体法体系中，报应理论与功利理论是刑罚运用的理论基础，也是刑罚的正当性根据。犯罪与刑罚是刑事法制的两大主题，刑罚是犯罪化的归属点。如果一个被认定为犯罪的行为不能合理量刑，或者说对其量刑的理论基础有缺陷，那么，犯罪进程在归属上就难言正当性。正如上文域外学者所言，当代犯罪认定的体系中以"可谴责性"为基础，但刑罚运用却兼具谴责和惩罚的需求。犯罪与刑罚之间存在的紧张关系使得犯罪化正当性在刑罚运用环节难以获得逻辑上的自洽。

---

① ［法］卢梭：《社会契约论》，何兆武译，商务印书馆1980年版，第23页。
② Kadish, "Fifty Years of Criminal law: An Opinionated Review", *87 California Law Revies*, 1999.

1. 报应主义和功利主义刑罚理论的不足

刑罚报应理论和刑事古典学派的犯罪论相关联,刑事古典学派视犯罪人为意志自由的主体。犯罪人实施犯罪行为正是其意志自由的结果。因为犯罪人拥有意志自由,可以选择犯罪或非犯罪行为来实现自己的目的,而此时犯罪人选择了违法行为,其行为就有了非难可能性,这种非难可能性更多的是一种道义上的谴责。当代刑事法制除了谴责,还有惩罚的任务,报应论的内在逻辑难以对应刑事法制运用刑罚的基本目的。对于报应主义刑罚论,有两个问题始终难以回避。

第一个是当代社会治理犯罪之需是否能通过单纯的报应即可实现,尤其是很多新型犯罪行为的出现,其道德可谴责性并不明显,甚至难以确定。或者诸如环境犯罪中,被害人范围较大且边界模糊时,报应理论强调的可谴性是否能作为刑罚运用的正当性基础是值得质疑的。第二个是可谴性主体的问题。国家是刑罚权的垄断者,作为对犯罪人实施刑罚措施的主体在法律上是无疑问的。但被害人才是真正的犯罪行为的受害者,国家代替被害人以刑罚措施报应犯罪人在道德层面是缺失依据的。

与报应主义刑罚论相对应的功利主义刑罚理论遵循的是完全不同的逻辑体系。功利主义刑罚理论强调犯罪控制,刑罚措施运用的目的是有效控制犯罪,惩罚和威慑是功利主义刑罚论的关键词,可谴责性则不再是刑罚运用的关键性因素。正如波斯纳(Richard A. Posner)所指出的:正是威慑促成行为主义进路对现代刑法的掌控,最终使精神状态在刑法中作用日渐减少。[①] 功利主义刑罚论中,可谴责性的缺失同样是其不可回避的缺陷。基于功利主义诉求,刑罚一般预防和特殊预防在犯罪化正当性的审视下,均有不足。一般预防

---

① 参见 [美] 波斯纳《法理学问题》,苏力译,法律出版社2002年版,第210页。

立基于威慑理论，通过刑罚的运用，针对特定主体形成威慑，从而实现犯罪预防。特殊预防强调的是矫正，通过对特定主体运用刑罚措施，实现对犯罪人的矫正，进而完成预防的任务。

在刑法学体系中考察报应和功利主义刑罚论，无疑是可以满足逻辑自洽性的要求的。但我们从事实层面考察，无论是一般预防，还是特殊预防，都难获得足够的合理性支持。

美国犯罪学家哈里·艾伦（Harry Allen）经过对美国监狱制度长期的实证性研究得出的结论是：从改造（rehabilitation）效果来看，长期监禁刑的效果适得其反；大多数人他们被监禁的前两年改造收益最大，两年之后，犯罪人回归社会后成为一个建设性的公民的概率逐渐下降；多达85%犯罪人并不需要监禁，因为在监督之下将这些人放到社区的效果可能会更好。① 由此可以看出，无论是报应还是功利主义，在实证研究中都难以得到证实。刑罚运用的效果好坏在实证研究中和报应或功利均无必然联系。

犯罪学实证性研究的检视下，一般预防强调的普遍威慑，特殊预防坚持的针对性矫正似乎都不能得以印证。从"国家—被害人—犯罪人"的法律关系看，报应理论侧重于对犯罪人的可谴性，功利理论强调国家惩治犯罪的需要，二者都未考量被害人因素。拉德布鲁赫曾经指出："当一个人只是作为'行为人'，只是置于一项个别行为的偶然角度下予以考察时，他的形象将受到极大的歪曲。与正确的心理学判断方向——从人性到行为——相反，现代刑事程序习惯于从行为到人性，而它可能没有一次触及过人性"②。报应主义刑罚理论把可谴责性立基于犯罪人经过刑法规范抽象后的人格，认为

---

① 参见 Harry Allen, E. Simmons, *Corrections in America: An introduction*, 2nd ed., Prentice-Hall, 2001。

② ［德］拉德布鲁赫：《法学导论》，米健、朱林译，中国大百科全书出版社1997年版，第86页。

行为人能够全面权衡犯罪的利弊，从而感受到刑罚的威慑。到目前为止，尚未有实证性的研究成果能支持这一结论。正如拉德布鲁赫指出的那样，认定犯罪时，一个人只是"偶然角度下予以考察"，这种考察结论很有可能是进行刑事处罚的后果。功利主义刑罚论关于刑事惩罚正当性的基本逻辑是：刑事惩罚可以通过惩罚部分犯罪人来实现更多人的快乐和幸福，因为刑事惩罚能够排除更大范围的恶，确保了更多人的幸福，所以才能获得人们的承认。[1] 人们承认的刑罚运用，才可能是正当的。

与 19 世纪后半期的社会防卫理论相结合，功利主义突出了惩罚导向的刑罚论中同样没有被害人的身影。从上文美国监狱运作实证研究的结论可以看出，单纯从惩治犯罪人的角度，是难以真正预防犯罪的，更遑论犯罪的有效治理。

2. 减少被害人重构刑罚基础理论的基本范式

第一，建立以被害人为核心的实证性的研究方案，确立评价刑罚的正当性基础。上文我们分析了被害率作为一种统计指标能更全面地呈现一个社会犯罪的真实情况。犯罪化操作是否正当，要看犯罪化后一定时期内被害率是否有效减少。而被害率是否有效减少可以和刑罚运用相结合。当我们犯罪化某一个行为，并对犯罪人运用相应的刑罚措施。此时可以通过被害率作为核心参数的数据统计评估刑罚运用的真正效果，进而对特定犯罪刑罚措施的正当性进行合理评价。

第二，完善刑事法律关系，确立全面的价值指引体系。在当代刑事法制中，将"被害人"作为法律关系的中心环节，在"国家—被害人—犯罪人"结构中寻求犯罪化的正当性，无论是从国家层面出发的惩治犯罪，还是从犯罪人角度强调的人权保障，都应结合减

---

[1] ［英］韦恩·莫里森：《法理学：从古希腊到后现代》，李桂林等译，武汉大学出版社 2003 年版，第 203 页。

少被害人原则予以考量。在寻求刑罚正当性的进程中，减少被害人原则应当同罪刑法定原则、罪刑均衡原则等围绕犯罪人建立的原则拥有同样的地位。从"国家—犯罪人"的法律关系看，犯罪人是国家的组成部分，国家对其负有人权保障的义务。同理，被害人也是国家的组成部门，而且从逻辑联系看，被害人和犯罪人更为精密，二者可以组成为国家中的公民，和国家相对应。这样，"国家—被害人—犯罪人"的关系就可以变为"国家—公民"的关系。由此，刑罚运用正当性的依据就不仅仅是犯罪人一极，还要考虑的是同样作为一国公民的被害人利益。而被害利益最大化的体现就是不要成为被害人。

第三节 减少被害人原则对入罪逻辑的优化

从逻辑上看，入罪标准是犯罪化获得正当性最为基础的要素。入罪标准的合理性是解决犯罪化正当性首要考虑的内容。在犯罪学视域中，行为之所以构成犯罪的标准可以分为形式和实质两种。形式标准上，罪刑法定原则决定了行为入罪必须法定，"刑法规定"就是行为入罪的依据。但行为到达法定的入罪标准之前，存在着一个发生发展的过程。行为入罪在现实中是一个动态的进程。在罪与非罪之间存在着刑事法制建构的"门槛"。根据罪刑法定原则，行为入罪必须满足法定条件，这种条件揭示的是犯罪之所以为犯罪的形式依据。实质依据则存在于刑法之外。从研究视域看，犯罪学研究的犯罪时空界限要远远大于规范法学，当一个失范行为实际地发生后，在其不断接近法定的犯罪标准的进程中，犯罪学可以持续地关注这一失范行为的动态变化，揭示犯罪之所以为犯罪的实质因素。这些实质因素正是犯罪学论域中理解的入罪标准。

入罪标准的合理性是犯罪圈扩大化正当性主要的理论支点。从犯罪学视角看，包括了两个层面的内容：一是如何评价社会危害性，二是如何确定刑法调控的边界。前者是犯罪化的实证性基础，一个行为是否具有以及多大程度上具有社会危害性是其被犯罪化的先决条件，犯罪行为圈动态变化围绕社会危害性展开。当行为被认定为具有社会危害性后，刑法规范是否介入以及多大程度介入是犯罪化的法定条件。无论行为危害性如何，如果没有刑法的确认，都不能将其视为犯罪。

减少被害人原则能够为行为入罪的正当性提供一种新的解答和建构逻辑，在犯罪化逻辑起点上提供更为全面的合理性依据，这种依据在犯罪圈扩大的进程中具有重要意义。

一 减少被害人原则检视下的社会危害性

（一）社会危害性的具体和抽象

毫无疑问，具有法益侵害性的行为必然是具有社会危害性的行为。法益，作为刑法所保护的利益，是刑法确立犯罪的充分必要条件。罪刑法定中的"罪"是建立在侵犯刑法所保护的利益之上的。但反过来，具有社会危害性的行为却未必具有法益侵害性，社会危害性只是法益侵害性的必要非充分条件，这种逻辑联系上的非对称性或许正是刑事修法犯的罪化进路引发各种争议的重要原因，社会公众认为 A 行为的社会危害性更大，但立法者未予以犯罪化；立法者认为 B 行为应当进行犯罪化，而社会公众则认为 B 行为的社会危害性还不如 A 行为。

在刑事法制进行犯罪化的各项操作中，首先需要确认行为的社会危害性，不过这种确认不是单纯地描述一个行为以什么样的方式具体危害了何种利益，而是通过构成要件的设置，确立犯罪的规格，将社会危害性高度抽象，并推而广之，形成行为入罪的一般标准。

但社会现实是复杂多变的，社会危害性在具体和抽象间有着明显的差异。我们以主观要件来说，故意犯罪的主观都是故意，故意被抽象为"明知"的意识因素和"希望""放任"的意志因素，无论是故意杀人罪还是受贿罪，主观要件都可以用故意来描述和界定。但从犯罪学的视角看，犯罪动机却是十分复杂的。犯罪学认为，犯罪心理是犯罪人实施各种犯罪行为的内因，犯罪动机在犯罪中起着基础作用。在犯罪动机之后，还有各种各样的犯罪目的。有犯罪学家曾对1993年至2002年间我国故意犯罪嫌疑人的犯罪目的做了实证调研和统计分析，概括出七种类型："为了钱财""为了报复""为了性满足""为了朋友""为了制造政治影响""恶作剧""其他"等。其中，"为了钱财"是所有犯罪目的中比例最高的，从56.1%到71.6%不等。这和同时期侵犯财产性犯罪的比例相匹配（2002年，侵犯财产犯罪占该年度各种犯罪的60.2%，位居各类犯罪之首，而同期的犯罪目的的调查中，为了钱财的目的占比为69.5%，是首要的犯罪目的）。[①] 由此观之，如果我们仅从规范法学视域切入，是不能准确把握侵犯财产性犯罪圈扩大化真正致罪因素的。此时需要一个犯罪学的实证视角，从被害人视角来看，什么样的被害人容易引起"为了钱财"的犯罪目的，如何减少这样的被害人身上所具有的"致罪因素"是我们实质性把握犯罪入罪标准所考虑的因素。

（二）拓展社会危害性评价的变量等级

从可操作性角度看，社会危害性应兼具抽象和具体的内涵。但其具体内涵应成为抽象内涵的基础，否则，我们不能回答为什么A行为入罪，B行为不入罪的追问。进一步结合减少被害原则，我们可以将作为行为入罪基础的社会危害性做多个方面的优化，尤其是针对侵犯了个人法益的犯罪，危害性甚至可以在被害人一极找到精

[①] 参见周路主编《当代实证犯罪学新编——犯罪规律研究》，人民法院出版社2004年版，第198页及以下。

准的刻度。减少被害人原则检视下社会危害性，其评价体系中将拥有更为完整的变量等级。在传统的社会危害性评价体系中，研究视角总是集中于犯罪一端。例如，刑法规定盗窃数额1000元以上不满2500元的，可以判处管制到有期徒刑6个月不等的刑罚。司法上即以1000元作为判断行为是否入罪的标准，而不是被害人实际的损失状况。一个月收入10万元的人，和一个月收入5000元的人损失2000元显然不可等而视之。将被害人利益损失作为犯罪化的一个变量予以考量，犯罪化既有犯罪人圈参数，也考虑被害人圈的变化，由此形成的社会危害性评价更为全面。

当然，人类社会发展至今，从国家到公民，各自的利益构成是十分复杂。人们很难去建立一个能够给各方主体利益做出合理评价的方法。即便拿上文所举的盗窃罪为例，被害人收入不同，社会地位不同，被盗资金用途不同等因素都会影响到其对盗窃行为的评价。在社会危害性评价体系中引入被害人因素并不是一味强调被害人利益诉求或态度偏好，否则会造成刑事法制难以统一，千人千面的利益诉求必然会带来犯罪认定过程中的各种不平等。被害人利益进入社会危害性评价体系，成为一个重要变量，应和被害人最大利益诉求相关联，这样才能合理收敛犯罪认定的幅度。而减少被害人原则正反映了被害人最大的利益诉求。

从被害人视角对社会危害性进行评估和排序的进程中，有学者已经做了很多有益的尝试。美国犯罪学家赫希曾提出"生活标准的观念"，主张犯罪行为社会危害性的严重程度取决于对被害人生活质量的必要条件的影响。人们对权益的相对价值做规范的判断应建立在影响生活质量的资源的合理排序上。[①] 根据犯罪行为在何种程度上影响为获得某一层次的生活质量所需要的典型资源，而确定社会危

---

① Tajna Hoemle, "Distribuiton of Punishment", *Buffalo Criminal Law Review*, Vol. 32, 1998. 转引自劳东燕《被害人视角与刑法理论的重构》，《政法论坛》2006年第5期。

害性的相应等级。

犯罪学领域的理论探索揭示了社会危害性的可测量性，减少被害人作为一种原则、一种价值指引的模糊性，可以很好地为社会危害性中建立被害人评价指标提供建构方向，也可以克服被害人利益偏好多样化带来的难以统一使用刑法的弊端。

二　减少被害人原则对刑法调控范围的合理限制

刑法学意义上的危险是指行为本身所具有的使刑法上的法益遭受侵害的可能性，或者行为所导致的刑法上的法益遭受损害的可能状态。[1]当社会文明行进至工业文明形态以来，风险在社会意义上的范畴已经远远超过了规范法学的理解。乌尔里希·贝克（Ullrich Beck）提出并阐释了风险社会的概念，贝克认为"风险可以被界定为系统地处理现代化自身引致的危险和不安全感的方式"[2]。根据此定义，当代社会的风险涵盖了公共交通安全、工业污水排放、竞技体育表演、医疗事故纠纷等诸多领域。风险社会对刑法的调控范围提出新的议题。刑法立法扩大犯罪认定的一个特征就是危险犯的不断增加，刑法提前介入处置各种危险犯成了刑法立法的一种趋势。这种提前介入的态势使得刑法调控的范围呈现出扩张趋势。犯罪化的扩张在风险社会下有了刑法外的参数。风险社会下，如何合理分配风险是国家管理各项事务的重要任务。面对当代社会变化万千的风险形态，传统刑法坚持个人权利保障的价值取向，应对风险的手段方式都显得有些滞后。因此有学者指出，"这种以权利保障为导向的刑法在解决风险问题时容易遭遇挫败，无法识别和容纳现代风

---

[1]　王志祥：《危险犯研究》，中国人民公安大学出版社2004年版，第1页。
[2]　[德]乌尔里希·贝克：《风险社会》，何博闻译，译林出版社2004年版，第19页。

险。"① 如果不能正确识别风险以及风险带来的各种负面效果,那么刑法所安排的犯罪化进程本身就有可能成为一种新的风险类型,毕竟,每新增一个犯罪行为,对社会中任何一个人来说都如头顶上又悬吊了一把新的"达摩克利斯之剑"。

所以有学者认为,"任何偏离原则对某种行为予以犯罪化的做法,都需要提供特别的理由,立法者必须承担说明正当根据的责任:为什么将欠缺某种危害结果的危险行为科以刑事处罚?"② 由此,仅仅在行为加害端考虑行为的危害性,忽视"危害结果"的入罪逻辑,在风险社会下,是难以全面给予犯罪化正当性的。

风险社会对刑法调控的合理范围提出新的议题,仅在规范法学领域是难以提供全面的理论支持的。从被害人视角展开,被害人才是真正的犯罪行为社会危害性的承受者。刑法调控和干预的范围是否合理或全面我们更应当从被害人一端进行考量。

为什么要把一个行为犯罪化,关键不是看该行为造成的损失如何,而是要考察该损失是以什么方式造成的。例如,甲以非法占有为目的,在合同订立过程中,骗取乙的资金 2 万元。甲的行为已经满足了合同诈骗罪的入罪标准。但若甲没有非法占有的目的,仅是因疏忽导致合同违约,乙作为合同的另一方即便是损失了 100 万元,也不能因此认定甲行为构成犯罪。所以说并不是任何一种使相对方遭受财产损失的行为都可以被犯罪化的,关键在于损失是否是以刑法所禁止的行为方式产生的。刑法所禁止的行为在加害一端就是犯罪行为,在被害一端就是被害方式。在风险社会中,刑法作为风险管控的工具,其调控的范围的合理性不仅要站在加害一端考察,还要从被害方的角度切入,这样犯罪化的正当性才能得到更为全面的评价。我们要明确的是,风险社会中的风险之于犯罪化的影响在于

---

① 劳东燕:《公共政策与风险社会的刑法》,《中国社会科学》2007 年第 3 期。
② 高铭暄:《风险社会中刑事立法正当性理论研究》,《法学论坛》2011 年第 4 期。

造成危害结果的方式，而不是危害结果本身。

通过实证研究，我们可以定位风险社会下被害方式的实际情况，通过对被害方式的研究，以减少被害人为原则，可以合理控制刑罚运用的边界，尤其是涉及个体利益的犯罪中，立法者考虑什么样的被害方式下产生的利益损失值得保护。是否值得保护的关键因素是刑罚介入是否有利于减少被害人。我们以上文合同诈骗罪为例，如果甲没有非法占有的目的、没有虚构事实或隐瞒真相，那么乙的损失再大也不是甲的行为可以犯罪化的合理理由。

第四节　犯罪互动中的被害人因素

上文我们在探讨犯罪人圈的结构时曾指出被害人也有可能成为犯罪原因。犯罪是一个互动的过程，犯罪人和被害人之间的相互作用及角色转换在犯罪实施过程中一直处于动态的发展变化中。加害与被害是一个相互作用、具有明显阶段性的过程。在这个过程中，被害人有两种角色：一是作为一种犯罪原因出现；二是和犯罪加害人进行角色互换，成为新的加害人。

第一种角色中，减少被害人原则意味着需要通过实证研究，把握被害人的各种特征，找出被害人特征中蕴含的致罪因素。根据已发现的被害原因，通过合理的犯罪控制和预防措施实现减少被害人的目标。准确把握犯罪原因是犯罪化正当性最为重要的基础，减少被害人作为犯罪原因和减少被害人在价值内核上是一致的。

第二种角色中，被害人与加害人角色互换通常有两种情形：一是被害人在正当防卫中，由消极变积极，在防卫明显超过必要限度、原加害人已经丧失加害能力时，仍然继续对原加害人实施伤害行为；二是被害人在受到加害之后，没有斥诸法律途径，而是私自对加害人进行报复。① 犯罪化正当性要能同时适用加害人圈和被害人圈就必须准确把握加害人和被害人角色互动中的各种参数和变量。

一 犯罪互动中被害人因素和犯罪圈扩大化正当性

（一）被害人作为犯罪原因的基础理论

1. 被害人作为犯罪原因的两种类型

犯罪原因一直以来都是犯罪学研究的重点内容，规范法学虽然没有将犯罪原因作为研究的核心议题，但在其视域内的诸多重大议题均离不开犯罪原因的讨论，最典型的就是被害人自陷风险相关问题的研究。在犯罪学关注的犯罪互动中，被害人成为犯罪原因有两种类型：一种是因被害人自身因素引发、诱发或促发犯罪行为发生；一种是为了保护自身利益主动实施犯罪行为。我们要给予犯罪圈扩大化正当性的评价，必然要考虑何种扩大化能够有效消减被害人成为犯罪原因的可能性，合理保护被害人的利益。

被害人成为犯罪原因主要是因其各项特征中蕴含了致罪因素。例如，在强奸罪、抢劫罪、盗窃罪等犯罪中被害人心理、生理以及社会化角色等因素有可能成为犯罪发生诸多原因中的一环。作为犯罪原因的被害人，其所提供的犯罪圈扩大化正当性依据在于两个方面：一是犯罪圈扩大化应当在规范和事实层面均能保护某些带有致罪因素的被害人，预防其致罪因素带来真实的犯罪行为；二是合理设置犯罪认定的逻辑，防止犯罪互动中被害人和加害人的角度互换。

2. 被害人作为犯罪原因的基本模式

犯罪原因一直以来都是犯罪学研究的重点。意大利犯罪学家菲利将犯罪原因分为人类学因素、自然因素和社会因素。在菲利看来，犯罪作为一种社会现象，是人类学因素、自然因素和社会因素综合

---

① 赵可：《试论被害人与加害人的相互作用及其角色转换》，《公安学刊（浙江公安高等专科学校学报）》2002年第1期。

作用而形成的。他主张"无论哪种犯罪，从最轻微的到最残忍的，都不外乎是犯罪者的生理状态，是其所处的自然条件和其出生、生活或工作于其中的社会环境三种因素相互作用的结果。如果在一开始就将这三种原因分开，那是徒劳的"①。被害人作为犯罪原因，往往包含了人类学、自然和社会因素等诸多因素，也有存在多种模式。被害人在犯罪中的基本模式有四种：可利用模式、冲突模式、推动模式和斯德哥尔摩模式。② 这四种模式蕴含了被害人作为犯罪原因的事由。可利用模式中，被害人的某些因素在其尚未察觉其中的致罪、诱罪因素时，就被加害人利用实施犯罪。冲突模式中，加害人与被害人长期、多次互动，双方角色持续变换，相互易位，最终造成犯罪结果发生。在冲突模式中被害人对犯罪结果存在一定的责任。推动模式中，被害人在特定情境中的行为对犯罪行为起到了推动作用。被害人的行为包括刺激、鼓励、引诱、挑衅等足以引起加害人采取不恰当的行为予以反击等内容。在推动模式中，被害人作为犯罪原因的责任是四种模式中最大的。

斯德哥尔摩模式较为特殊。在这种模式中，被害人对加害人产生依赖、信任、崇拜等情感认知，甚至自愿接受加害人的加害行为。在这种模式中，被害人的"自愿"不能作为免除加害人责任的依据。作为一种特殊的犯罪互动模式，斯德哥尔摩模式中的被害人不应对最终的犯罪结果承担责任，从犯罪原因的角度考量，斯德哥尔摩模式中的被害人更多具备的是人类学因素的特质。

被害人成为犯罪原因有两种类型、四种模式，二者在具体案件有很多不同的组合方式。例如，在冲突模式中，被害人可能是促成犯罪发生的人，也可能是为了保护自己合法利益被迫实施犯罪行为

---

① [意] 恩里科·菲利：《实证派犯罪学》，郭建安译，中国政法大学出版社1987年版，第28页。
② 参见王佳明《互动之中的犯罪与被害》，北京大学出版社2007年版，第11页。

的人。

(二) 犯罪圈扩大化正当性和犯罪互动中被害人定位的内在联系

前文有述，犯罪圈扩大化的正当性在犯罪互动视角中，应以减少被害人致罪因素作为依据。我们调整犯罪圈的规范边界，是为了确保事实层面犯罪原因的减少，在规范和事实两个层面保证犯罪圈扩大化有充足的依据。

规范层面所调整的犯罪圈映射到事实层面，应能结合不同的犯罪模式中被害人的特征，在加害行为变为犯罪行为的进路中，有效增加对被害人的保护、减少被害人成为犯罪原因的概率。一个正当化的犯罪圈扩大进程，应当既能减少事实层面被害人所受损失，又能消除犯罪互动中的作为犯罪原因的被害人因素。

需要再次说明的是，规范层面的犯罪圈扩大化不等于事实层面犯罪圈已经扩大化了。不能说规范层面新设了一个罪名，现实中就多了一个被害人，犯罪圈扩大化只会增加被害人。规范层面犯罪圈扩大化必然增加现实中的被害人的逻辑是不对的。例如，不管有没有故意杀人罪的规定，现实中都会有故意杀人行为。有了故意杀人罪，现实中会发生多少起故意杀人罪也不一定，现实中有多少故意杀人罪的被害人和规范层面的故意杀人罪并无多少实质性联系。我们应在规范和事实两个层面确认了犯罪圈扩大化的基本情况，才能准确厘清犯罪圈扩大化和犯罪互动中被害人定位的内在联系，从中找寻犯罪圈扩大化的正当性依据。

规范层面犯罪圈扩大发挥一般预防和特殊预防的作用，本身是可以有效减少被害人的。例如，我们根据被害人的被害模式，锁定连环杀人案的凶手，减少其继续杀人的可能性，保护了潜在的包含致罪因素的被害人。进一步看，如果我们能够深入犯罪圈扩大化正当性和犯罪互动中被害人定位的内在联系，我们就可以建构更为全面的犯罪圈扩大化的正当性体系。

我们以诈骗罪为例进一步说明。在规范法学的视域中，诈骗罪就是诈骗公私财物的行为。刑法学通说认为，诈骗罪的基本构造是：行为人使用诈术—被害人陷于错误—被害人基于错误处分财产—行为人或第三人取得财产—被害人遭受财产损害。① 诈骗罪是一种典型的可利用犯罪模式，被害人在陷入错误认知的情况下，处分了自己的财产，遭受了财产损失。我们要有效抑制诈骗罪的社会危害性，就要进一步聚焦现实中的诈骗罪互动模式实际情形。在诈骗罪规范犯罪圈没有变化的同时，事实上的犯罪圈发生了很多根本性改变。2021年全国公安机关破获电信网络诈骗犯罪案件44.1万起，2022年，全国公安机关破获电信网络诈骗犯罪案件46.4万起。刑法规范层面诈骗罪犯罪圈没有任何变化，但社会现实中诈骗罪的犯罪圈却客观地扩大了。根据电信网络诈骗罪的犯罪互动模式，最高人民法院、最高人民检察院和公安部联合发布了《关于办理电信网络诈骗等刑事案件适用法律若干问题的意见（一）》《关于办理电信网络诈骗等刑事案件适用法律若干问题的意见（二）》规范性文件，这些文件中很多规定充分考虑了犯罪互动中的被害人的因素。

比如，根据上述司法解释的规定，"有证据证实行为人参加境外诈骗犯罪集团或犯罪团伙，在境外针对境内居民实施电信网络诈骗犯罪行为，诈骗数额难以查证，但一年内出境赴境外诈骗犯罪窝点累计时间30日以上或多次出境赴境外诈骗犯罪窝点的，应当认定为《刑法》第二百六十六条规定的'其他严重情节'，以诈骗罪依法追究刑事责任。"这一规定改变了诈骗罪的犯罪圈。在电信网络犯罪中，可以在诈骗数额无法查清的情况下，以出入境次数作为严重情节的认定标准，这和普通诈骗罪有着明显区别。众所周知，诈骗罪

---

① 张明楷：《刑法学》（第五版），法律出版社2015年版，第889页。

是侵犯财产的犯罪，犯罪数额是判定行为是否构成犯罪核心因素。但在利用电信网络诈骗的场合，犯罪互动处于可利用模式，被害人可能很难提供有效的证据或者办案机关确实无法查明犯罪数额。通过适当扩大诈骗罪的犯罪圈，针对跨境利用电信网络实施的诈骗行为，降低数额在认定犯罪中的权重能更好地保护被害人，拟制诈骗行为在事实层面的扩张。

二 被害人因素塑造犯罪圈扩大化正当性的基本逻辑

（一）保护被害人和犯罪圈扩大化的实质联系

刑法如何保护被害人？通过将具有社会危害性的行为认定为犯罪，针对被刑法评价为犯罪的行为，配置相应的刑罚。从被害人的视角看，刑法以保护"犯罪嫌疑人和被告人"合法利益为基础设置的犯罪圈没有充分考虑犯罪互动中被害人的利益。当代责任主义刑法理念指引下，犯罪圈的核心是实施犯罪的人和所实施的行为，刑法设置犯罪圈范畴的基本逻辑是基于对犯罪人一般预防和特殊预防展开的。如果一项刑法规范能够很好地预防某些犯罪行为在现实中的发生发展，那么这项刑法规范会被认为是一项好的刑法规范。但被害人的利益却未必能得到合理保护。比如，刑法特殊预防作用的实现可以通过限制盗窃罪犯罪嫌疑人的自由预防"这个"犯罪嫌疑人再次制造刑事案件，制造新的被害人。但这不意味着刑法一般预防能发挥作用。如果我们站在被害人的视角看，被害人甲被乙盗窃5000元，乙随后被公安机关抓获。但乙被抓获后，甲不久又被丙盗窃了1万元。乙被抓获，盗窃罪的犯罪圈里又多了一个人，被害人甲的利益没有得到合理保护。如果在抓获乙的同时，能够及时关注被害人甲的具体情况，消除隐患，那么丙的盗窃行为可能就不会发生。这个例子告诉我们，在犯罪圈扩大化正当性的塑造中，保护不同的犯罪互动模式中的被害人，可以形成一种新的评价标准。

从保护被害人的角度看，刑法规范合理扩大犯罪圈的正当性基础在于两个方面：一是能够有效预防犯罪发生，二是消除不同犯罪互动中的被害人的致罪因素。在具备有效预防犯罪发生刑法规范的基础上，我们在事实层面通过司法工作、社区矫正等方式消除犯罪互动中被害人的致罪因素。根据实践结果进一步检视刑法规范合理性，进而形成判断带有普遍适用性的犯罪圈扩大化基本逻辑。这种逻辑关注了被害人因素和犯罪圈扩大化的实质联系，扩大犯罪圈在预防犯罪的同时，有效消除了被害人致罪因素，保护了实际的和潜在的被害人。

（二）犯罪互动中被害人塑造犯罪圈扩大化正当性的逻辑链

我们已经明确，犯罪圈扩大化的正当性一方面要有效预防犯罪，另一方面要能减少犯罪互动中被害人的致罪因素，有效保护被害人的利益。在此基础上，我们要梳理出刑法保护、犯罪圈扩大化正当性和有效保护被害人利益之间的逻辑链。

1. 刑法保护和被害人的自我保护

当一个行为被刑法确定为犯罪后，是否意味着在犯罪互动中被害人的自我保护义务就减弱了？刑法的保护和被害人自我保护之间是什么关系？这个问题涉及国家权力运行基础和公民个人自由空间的关系。需要肯定的是，并不是国家对公民的保护越多越好，而是要在二者之间划分合理的空间。

刑罚权是国家独占的公权力，划定犯罪圈的工作主要由国家相关职能部门来完成。从犯罪圈设定的合理性看，国家应通过刑事立法在刑法保护和被害人的自我保护之间形成合理分配。是否将一个行为纳入到犯罪圈的考量，刑法规范应当遵循刑法谦抑性和补充性原则，意即不能将刑法作为处理具有社会危害性行为的第一选择。如果国家能够运用对公民影响更为轻微的方式预防具有社会危害性的行为，同时保护守法公民的，就不应优先适用刑法。在这种情况下，国家没有必要创设犯罪圈。

从犯罪互动的视角追问，在被害人可以自我保护的场合，刑法是否有适用的必要？例如，张三的钱包被偷了，里面有 10 万元现金。张三发现后迅速制服了小偷李四。这时是否需要以盗窃罪追究李四的刑事责任呢？从法理上讲，李四已经构成了盗窃罪既遂。如果张三选择放了李四，三个月后李四在其实施的另一起盗窃罪中被抓获，主动交代了之前盗窃张三的事实。这时，公安机关应当合并两案一起追究李四的刑事责任吗？

这个问题在司法实践中可按《刑法》第十二条但书和《刑事诉讼法》第十六条的规定，以犯罪轻微作为出罪事由。但规范层面的出罪不等于可以忽视被害人的保护。在域外的刑法理论中，如果刑法保护存在于某种具有社会风险的场合，被害人就有消解这种风险的责任。① 这种观点将刑法保护和被害人自我保护对立起来，对被害人的责任要求过于严厉，看似避免刑罚权滥用，实则减弱了对社会公众的保护。

如果将"被害人自我保护"理解为限制国家刑罚权发动之要件，则被害人信条学一样是针对国家而发动，一样是限制国家刑罚权范围的基准。② 在刑法学理论中，国家运用刑罚权对社会公众的刑法保护和被害人的自我保护之间似乎是对立的。刑事法规的刑罚功能可能因被害人意识到法不容许的风险而失去应用功能。国家实施刑法保护，必然要扩大犯罪圈。但被害人自我保护能够避免危害结果，是不是国家刑法保护就可以不存在呢？答案是否定的。

我们仍然以电信网络诈骗罪为例。电信网络诈骗是诈骗罪的特殊形式，在诈骗罪的构成要件没有改变的情形下，"被害人基于错误处分财产"这一要件和没有利用电信网络的其他诈骗罪在现实中肯

---

① 王骏：《论被害人的自陷风险——以诈骗罪为中心》，《中国法学》2014 年第 5 期。
② 参见林钰雄《刑事法理论与实践》，中国人民大学出版社 2008 年版，第 125 页。

定有不一样的表现。利用电信网络实施的诈骗行为最明显的特征是加害人和被害人之间的"距离"，在电信网络诈骗行为中，加害人不需要面对被害人，甚至中间环节还会出现危害性大小不一的加害人，如果以刑罚权独属于国家且国家行使公权力会侵犯公民的个人自由权利为由，增加被害人个人在电信网络诈骗的犯罪互动中自我保护的责任，被害人的风险就会无限放大。国家行使刑罚权不仅是一项公权力的行为，同时也是国家保护公民的责任和义务。当国家在刑法中规定了诈骗罪时，这就意味着国家要用刑罚权保护公民不受一切诈骗行为的侵害，我们不能过分要求公民承担自我保护义务。

从被害人的视角看，我们要具体考察不同的犯罪互动模式中被害人的角色定位。与其去纠结在个案中被害人自我保护的可能性或保护程度，不如明确在什么样的犯罪互动中，被害人是否应当免除自我保护义务。例如，在斯德哥尔摩犯罪互动模式中，我们不应当因被害人意识到加害行为且自愿接受加害行为而放弃国家刑罚权的运用。如果这时放弃减少对被害人的刑法保护，那只会造成更多的斯德哥尔摩犯罪。

2. 犯罪圈扩大化正当性对被害人保护的事实逻辑

事实层面，影响被害人在犯罪互动中自我保护实现的因素很多，包括被害人的教育水平、性格特征、获取信息的渠道、对风险的认知程度、采取措施的时机等。犯罪圈在规范层面扩大，意味着刑法可以介入有特定社会危害性行为发生的场合，为被害人提供刑法保护。因为刑法保护是"事后保护"，在危害行为发生时，更多需要被害人的自我保护。社会危害性行为在事实层面发生了，犯罪圈从规范层面映射到事实层面，其扩大的正当性体现为有效减少被害人的致罪因素，合理配置了刑法保护和被害人自我保护的空间。

事实层面，当一个社会危害性行为发生时，被害人利益是否会受损、其自我保护是否能实现，本质上是一个概率问题。一个人可能避免成为交通肇事罪的被害人，却不幸成为盗窃罪的受害者。从本书开篇列举的犯罪数据变化的情况看，诈骗罪的犯罪圈超过抢劫罪，这里面有诸多因素，其中之一就是诈骗罪的犯罪互动模式发生了变化，潜在的被害人蕴含了更多的致罪因素，这些因素不完全是被害人自身原因造成的，社会客观条件的变化也会形成致罪因素。例如，手机的普及及其功能的增强，在方便我们生活的同时某种程度上也降低了诈骗罪的犯罪成本。当我们检视现实发生的诈骗罪时，可以针对诱发诈骗罪高概率的行为进行针对性的预防措施。例如，上文所列相关司法解释就聚焦于利用电信网络进行诈骗行为实际造成危害结果最常见的因素。《关于办理电信网络诈骗等刑事案件适用法律若干问题的意见（一）》规定，"在互联网上发布诈骗信息，页面浏览量累计五千次以上的"可作为诈骗罪犯罪未遂处理。这一规定扩大了诈骗罪的犯罪圈，但确实关注到犯罪互动中被害人最有可能被害的因素。通过拓展国家刑罚权处罚空间的方式减少诈骗信息传播，既能起到合理运用刑法保护的目的，又能很好地减少被害人致罪因素，保护潜在的被害人。在刑法保护的基础上，被害人也能更好地实现自我保护。由此，我们可以说这项规定对犯罪圈的扩大是具备正当性的。

综上所述，我们从被害人基础理论和被害人再发现运动中提炼出了减少被害人原则。减少被害人原则能够从三个方面为犯罪圈扩大化正当性提供合理性因素：一是可以完善犯罪圈扩大化的价值体系。犯罪圈扩大不仅要考虑犯罪加害人的利益，还要关切被害人的利益。二是完善入罪标准，使得犯罪化在初始阶段就具备合理性基础。三是完善犯罪原因体系，从加害与被害的互动关系切入，查明被害人作为犯罪原因的情形。通过上述三个方面的内容，犯罪被害人的知识板块为犯罪圈扩大化正当性提供了一个有别于传统理论的关于合理性的理论支持。

第四章
刑事政策：犯罪化正当性的外生性因素

有犯罪学家认为"刑事政策的主要任务是改革刑事、刑事司法制度和刑罚体系，并在此基础上通过合理的研究和合理的实践有利于解决刑事政策的某些问题，如果可能的话，甚至可以创造比刑法更好的某种东西"[①]。这一论述站在犯罪学的立场将刑事政策视为有效治理犯罪的政策性工具。和规范法学相比，刑事政策从制定到运用都具有强烈的功利主义色彩，刑事政策从制定到执行都围绕着是否能有效控制犯罪、是否能有效实现犯罪治理等政策目标，可以说，刑事政策这种带有强烈功利取向的价值目标和犯罪圈扩大化正当性所寻求的有效性的内在逻辑是一致的。

本书第一章论证了犯罪圈扩大化的价值目标。无论是从规范法学还是犯罪学视域切入，犯罪化最终的目的都是有效治理犯罪，通过对部分行为的犯罪化来保障更多行为的非犯罪化。刑事政策作为治理犯罪的政策性工具，可以塑造犯罪圈扩大化正当性原则中的有效性品质。犯罪圈扩大化的进程是否在可控和合理的范围内展开，是否契合一定历史时期社会发展的基本情况，都可以通过刑事政策的合理制定、运用得出肯定或否定的解答。刑事政策要完成赋予犯

---

① [西德] 孔德·凯赛尔：《犯罪学》，赵可等译，西北政法学院出版社 1976 年版，第 60 页。

第四章 刑事政策：犯罪化正当性的外生性因素

罪圈扩大化正当性的任务，其充要条件是从制定到运用都必须在合理的范畴内展开。标定刑事政策制定和运用的"合理范畴"在我国现实法律语境中意味着我们要能正确划分刑事政策和刑法规范各自发生作用的范畴。

刑事政策之于犯罪圈的变化，体现为一种外生性因素，意即刑事政策本身不是犯罪生成、发展或规范认定的内在依据，主要是从"犯罪圈外"对犯罪圈本身产生作用。国家从治理犯罪的需要出发，制定相应的刑事政策，在事实上改变着犯罪圈大小。这种改变的逻辑出发点是国家治理犯罪的需要，并提供犯罪有效治理的结果反过来检视犯罪圈扩大化的正当性。

回归我国刑事政策发展史，"严打"和"宽严相济"是无法绕开的两个主题。在不同的历史时期内，"严打"和"宽严相济"在事实上扩大或限缩了犯罪圈的范畴。建构我国犯罪圈扩大化正当性原则的进路可以从我国刑事政策的具体适用情况切入，围绕犯罪圈扩大化正当性理论需求梳理出犯罪刑事政策的知识体系。

刑事政策和刑法规范的关系是我们寻找可以作为犯罪圈扩大化外生性因素的刑事政策所需要解决的核心问题。刑事政策的制定、运用需要合理性的科学界标，这个界标的外延就是刑法规范。刑事政策的刑法化或刑法的刑事政策化进路中，刑法教义学始终是刑事政策合理化的指引，同时也是关乎犯罪化的刑事政策合理性的指引。如果刑事政策——即便是基于犯罪治理的需求并确切地带来特定时段犯罪数量的有效控制——的运用本身缺乏规范性，在实践中存在滥用、误用等情形，其带来的犯罪圈扩大化的结果本身是难言正当性的。

第一节　刑事政策及刑事政策学

一　刑事政策概念解析

(一) 刑事政策概念的学理分析

刑事政策（Kriminalpolitik）这一术语最早由德国古典刑法学家费尔巴哈（Paul Johann Anselm von Feuerbach）提出。之后，刑事政策很快成为各国学者颇感兴趣的研究主题。刑法学家、犯罪学家都展开了刑事政策的研究，这些不同许可的研究成果和研究方法逐渐自成一体，最终发展成了刑事政策学这一独立的学科。从费尔巴哈开始，刑事政策就与刑法学密切相关，刑法学经历了刑事古典主义学派（学术史上称为"旧派"）、刑事实证主义学派（学术史上称为"新派"）等发展历程，犯罪学也从最初的犯罪人类学发展到犯罪社会学。与之相对应的是，刑事政策每一阶段的发展创新都推动了刑法学和犯罪学的变革与发展。可以说，刑事政策发展的每一重要历史阶段都创造了完整、系统的理论体系。[①] 在刑事政策的理论体系中，如何定义刑事政策是一个最为基础的问题。

我国学者认为，"刑事政策是国家或执政党依据犯罪态势对犯罪行为和犯罪人运用刑罚和有关措施以期有效地实现惩罚和预防犯罪目的之方略。"[②] 这一定义中突出了刑事政策制定和运用的目的——实现惩罚和预防犯罪。此定义的构造逻辑是犯罪学意义上的。从犯罪学的研究需求出发，将刑事政策的目的定义在了"刑罚后"。这意

[①] 参见严励《问题意识与立场方法：中国刑事政策研究之反思》，《中国法学》2010年第1期。

[②] 储槐植：《刑事政策：犯罪学的重点研究对象和司法实践的基本指导思想》，《福建高等公安专科学校学报》1999年第15期。

第四章 刑事政策：犯罪化正当性的外生性因素

味着刑事政策不仅仅是为了刑事法制定罪量刑之需，还需要追求"有效实现惩罚和预防犯罪的目的"。

事实上，不同学科背景的学者对刑事政策的内涵都进行过解释和剖析，解释路径上有较大差异。李斯特对刑事政策的理解较中国学者就有所不同——"所谓刑事政策，是指国家借助于刑罚以及与之相关的机构来与犯罪做斗争的、建立在以对犯罪原因以及刑罚效果进行科学研究基础上的原则的整体。"① 很明显，李斯特对于刑事政策体系的理解和储槐植教授在理念上有着区别。李斯特突出了同犯罪做斗争的主体是国家，而不是社会。因之，刑事政策的制定和运用需要围绕着同犯罪做斗争这个目的展开。这样的刑事政策合理运用的基础建构在关于犯罪原因和刑罚效果研究成果之上。很明显，李斯特关于刑事政策的定义是尝试从刑法与犯罪学的交集中寻找刑事政策内涵的最大公约数。

刑事政策千人千面，我们从中可以梳理出刑事政策在不同论域中的诸多共性，作为一个学理上概念，其核心要素应当具有如下共性。

运用目的上，② 刑事政策主要是用于同犯罪做斗争。在这统一的目的下，可以将刑事政策存在的现实价值定位于为了较好地惩罚和预防犯罪，也可以强调刑事政策需要在刑法规范的框架内运作，需要遵循刑法学学理划定的合理边界。

主体要素上，刑事政策的主体有两个位面，一个是生成和运用的主体，第二个是政策运用的具体对象。刑事政策的制定者只能是国家，运用者是有权的国家机关。根据各国政体结构的不同，不一

---

① [德]冯·李斯特：《论犯罪、刑罚与刑事政策》，徐久生译，北京大学出版社2016年版，第212页。
② 从某种程度上讲，刑事政策的目的和其价值所在具有同一性，刑事政策制定的目的正是其制定的价值所在。

定是司法机关在运用刑事政策，这一点有别于刑法的运用主体。刑事政策的运用对象和刑法学的对象相交织，就是犯罪行为和犯罪主体。从犯罪圈的角度看，刑事政策的运用对象包括但不限于：一般社会越轨行为、犯罪行为、犯罪加害人、犯罪被害人等。

运用方式上，刑事政策的运用方法包括但不限于刑法规范提供的刑罚措施，还涵摄了一系列非刑罚处置措施，诸如行政手段、经济手段、教育手段等。刑事政策的运用十分复杂，从权威的司法机关到街道内的社区矫正机构都可以运用刑事政策来应对犯罪这一社会现象。

存在形式上，刑事政策包括法律规范和非法律规范两种形式。非法律规范形式的刑事政策主要包括政府文件、政党决议或执政纲领等。刑事政策的存在形式不具有刑法典那样严格的规范性，大到全国范围，小到特定区域内，刑事政策可以灵活多变的形式存在。

基本内容上，刑事政策的内容包括惩罚犯罪、预防犯罪的各种手段和措施。原则上，刑事政策不能"越位"去规定什么是犯罪以及如何处罚犯罪，意即不能脱离刑法规范，另立一套犯罪论和刑罚论体系。

刑事政策各要素之间的内在联系是有序的和相对稳定的。刑事政策目的性是其生成和发展的深层次因素。目的体现主体的意志，也决定了主体所能选择的实现其目的的手段和措施。

(二) 刑事政策的结构

在当代刑事法制的体系中，一个国家往往只有一部刑法典作为规定犯罪、运用刑罚的权威依据，但可以在同一时期内存在多项全国性的刑事政策，形成一套治理犯罪的政策体系，这种体系的结构较之刑法规范可谓复杂多变。总体上看，刑事政策的结构可以从两个层面考察：一是从微观角度切入所观察到的个体刑事政策；二是立足从宏观层面研究的群体刑事政策。

微观层面的个体刑事政策的结构主要由政策思想和行动方案组成。现代社会中，个体刑事政策既要有"思想"，又要有"方案"。个体刑事政策针对的是具体的犯罪现象，其二元结构中的政策思想和行动方案都必须有强烈的针对性。政策思想层面，制定者需要指出重点打击的犯罪行为种类和针对这类犯罪行为运用刑罚措施的基本原则。在行动方案层面，根据政策思想安排具体操作办法，例如确定重点罪名类型，指出重点打击的犯罪人种类，并在非重点打击的犯罪种类里形成从重惩处与从宽处理之别。在行动方案层面，需要强调方案的可操性。诸如刑事政策主要针对的是什么犯罪（是危害公共安全罪，还是侵犯公民人身权利、财产权利罪）、犯罪的手段是什么（有没有暴力、具体是什么样的暴力行为）、量刑情节有什么（是否是累犯、再犯）、犯罪人的人身危险如何（是否惯犯、是否有前科）等问题。在个体刑事政策的二元结构中，思想是指引，行动是关键。

群体刑事政策。群体刑事政策是系统性刑事政策的集成，而不是一个具体刑事政策规定。群体刑事政策在结构上可以分为横纵两类。纵向的刑事政策是指自上而下生成的刑事政策构架。最典型的纵向刑事政策就是"严打"政策。纵向的群体刑事政策可以由基本刑事政策和具体刑事政策组成，组成方式可依适用对象而有所不同。横向的刑事政策是指宏观的刑事政策体系各分支系统的内部结构。刑事政策横向上可以分为刑事惩罚政策——包括关于刑事立法、刑事司法和刑罚执行的政策和社会预防政策——包括微观和宏观的预防策略。①

刑事政策的结构是合理划定刑事政策运用范畴的基础。刑法规范划定刑事政策的外延，外延之内，我们还需要进一步把控刑事政

---

① 参见严励《广义刑事政策视角下的刑事政策横向结构分析》，《北方法学》2011年第3期。

策的内在结构，这样才能确保犯罪圈扩大化在宏观和微观、静态和动态上都能获得刑事政策在有效性方面的全面支持。

二 刑事政策学及其学科范式

简单说，刑事政策学就是研究刑事政策属性、制定、运用等内容的学科。刑事政策学作为一门独立的学科，其研究方式基于不同的目的、立场和社会条件有着不同的形式。另外，刑事政策不同的学术流派和刑法学、犯罪学甚至政治学等学科有着不同的交集。从宏观层面看，刑事政策的运用是犯罪圈扩大化最为重要的外生性因素，刑事政策学可以为之提供理论支持，同时，针对这一研究主题，刑法学和犯罪学均在学理逻辑上和刑事政策学有密切联系。犯罪圈扩大化正当性所需要的知识产品离不开对刑事政策学各种知识积累的梳理，只有明确刑事政策学的范式结构，我们才能更为准确地定位各种层面的犯罪圈扩大所需要的正当性依据及扩大化在刑事政策层面获取有效性的路径。

关于刑事政策学有广义说和狭义说两种理论，两种理论是不同学科的研究特性所做的不同选择。狭义的刑事政策学认为："刑事政策得以国家预防及镇压犯罪为目的，运用刑罚以及具有与刑罚类似作用之诸制度，对于犯罪人及有犯罪危险的人所作用之刑事上的诸对策。"[1] 而广义的刑事政策学则认为刑事政策应当是"国家和社会据以防止犯罪有关的各种社会政策……居住政策、教育政策……其他公共保护政策等均包括在内"[2]。

狭义说的立足点是刑事政策作为专门的同犯罪做斗争的工具，应和其他社会政策相区别，其学术理路更接近于刑法学等规范法学。狭义的刑事政策学可以在刑法论域内探求犯罪原因等主题，从而为

---

[1] 张甘妹：《刑事政策》，台北：三民书局1979年版，第3页。
[2] 杨春洗主编：《刑事政策论》，北京大学出版社1994年版，第4页。

改善或运用现行的刑罚措施及各有关制度提供对策。广义的刑事政策学说的视角则不局限于规范法学论域，其展开逻辑是一切有利于预防、控制犯罪的政策均可纳入研究范畴。广义说不局限于犯罪如何发生和刑罚如何运用的角度，还包括提供应对犯罪现象的社会政策，比如教育、就业等与应对犯罪有关的一切公共策略。很明显，广义刑事政策学的学术理路沉淀了更多的犯罪学内容。以犯罪学为理论内核和方法论基底的刑事政策学，关注领域从如何更好地实施刑罚措施到非刑罚性的犯罪预防措施，从司法机关如何运用刑事政策到非司法机关在预防犯罪中的作用。这和储槐植教授所提出的刑事政策的概念在内涵和外延上是一致的，一切与犯罪做斗争的方略，均可纳入到研究范围。

法国刑法学家、犯罪学家马克·安塞尔（Marc Ancel）倡导的新社会防卫论，融合了刑事古典学派和社会防卫论的基本观点，其理论的中心内容是"人道主义的刑事政策运动"。安塞尔提倡保护权利，保护人类，提高人类价值，建立起一个崭新的刑事政策体系，以便合理地组织对犯罪的反应。[①] 在安塞尔的刑事政策学理念中，未成年人法以及未成年保护制度、刑罚执行法官的设立、附带考验的缓刑制度、刑罚宣判的暂缓或刑罚的免除制度、监狱关押的替换刑等均可纳入刑事政策学的研究视野。广义的刑事政策学路径中，非刑法化措施、非司法化措施和刑法化、司法化措施具有同样重要的地位。此外，广义刑事政策学也可以吸收、融合刑法学理论框架内刑事政策诸多理论成果。

从寻找应对犯罪的有效对策这一共同的目的出发，无论是广义的刑事政策还是狭义的刑事政策，最终理路归宿和价值体现都是一致的。从转型期中国社会的需求看，广义的刑事政策更符合中国法

---

① 参见［法］马克·安塞尔《新刑法理论》，卢建平译，香港天地图书有限公司1989年版，第30—31页。

律制度的现实语境，也更契合犯罪学研究的价值目标和学科范式。犯罪学对于"前犯罪"现象的研究，在价值目标上追求惩罚犯罪和预防犯罪双重目的必要性和可行性。正如学者所指出的，刑事政策学和犯罪学两大学科的价值链接点在于犯罪治理。① 从犯罪治理的诉求看，犯罪学需要的是广义刑事政策学所提供的一种关于综合的社会公共政策的知识体系，这种知识体系可以成为犯罪圈扩大化正当性依据的理论来源。

我国犯罪圈扩大化的现实进路中，刑事政策作为一种外因，其影响是持续而深刻的。刑事政策的中国语境是我国犯罪圈扩大化正当性依据建构的逻辑和事实的基础。

第二节　刑事政策的中国语境

一　中国刑事政策实践分析——从"严打"到"宽严相济"

刑法与刑事政策虽然都可以放置于刑事法制体系中加以考察，但它们仍然是两种完全不同的东西。刑法产生于刑事立法，是一种典型的法律规范。刑法发挥其规范功能需要依赖刑事司法活动，同时刑法也是刑事司法活动主要依据之一。根据我国刑法典的规定，刑法具有保障人权和保护社会的双重任务。刑事政策是一种社会公共政策，可以归属于政治范畴，表现为针对犯罪这种社会现象的政治决断和决策。② 有学者指出："只有将刑事政策上升到政治的层面，才有可能考虑市民社会在刑事政策体系中的地位与作用，政治国家与市民社会双本位的二元犯罪控制模式的实现才是可能的，国

---

① 张旭:《论刑事政策学与犯罪学的学科价值及其连接点》,《法商研究》2007年第5期。

② 陈兴良:《刑法的刑事政策化及其限度》,《华东政法大学学报》2013年第4期。

家主导、社会力量广泛参与的综合治理的政策特色才能充分显示出来，作为'治道'的刑事政策的本色也才能得到完全的展示"。① 这一论述精确地定位了刑事政策的政治属性。

从某种程度上讲，我们可以将刑事政策和刑法规范的关系理解为政治和法律的关系。改革开放 40 多年，中国社会结构发生重大变化。其间，刑事政策和刑事立法在各自发展路径中有疏离、有交织，呈现出一种政策法律化、法律政策化的特征。刑事政策和刑法规范之间的动态关联可以深刻地折射出一个国家的法治水平与政治生态。这正是探讨我国刑事政策塑造犯罪圈扩大化有效性的基本语境。

在我们进一步分析二者之间的联系前，我们首先要回顾一下我国晚近 30 年刑事政策的实景面向。一个国家只能有一部刑法典，但刑事政策从宏观到微观可谓纷繁复杂，不可计数。我们择取我国法制史上影响最为重要的两项刑事政策作为我们展开论述的样本。这两个政策分别是以"严打"和"宽严相济"为人们所熟知的。

(一) 严打与宽严相济刑的历史图景

"严打"是"依法从重从快严厉打击严重刑事犯罪活动"的简称。1983 年，"严打"作为一项刑事政策正式诞生，开始对我国社会全方面（不仅仅是刑事法律制度）产生深远影响。"严打"的政治、历史、法律意义在很长一段时间内都应当是值得我们严肃思考的议题。

"严打"自执行以来，在很长一段时间内都是司法机关奉行的刑事政策，其影响力已经远远超越了政策本身发挥作用的领域。"严打"在一定时期内甚至成为了犯罪圈扩大化正当性的核心依据，符合"严打"规定的犯罪化，在刑事政策层面就有正当性。

回顾"严打"诞生 30 余年的历史，我们会发现"严打"的影

---

① 卢建平：《作为"治道"的刑事政策》，《华东政法学院学报》2005 年第 4 期。

响早已"膨胀"到了刑法规范的疆域内,在立法和司法上都有深远影响。立法方面,1983年9月,全国人大常委会通过了《关于严惩严重危害社会治安的犯罪分子的决定》(以下简称《从重决定》)和《关于迅速审判严重危害社会治安的犯罪分子的程序的决定》(以下简称《从快决定》)。其中,《从重决定》在定罪和量刑两个方面所做的规定远远突破了刑事政策应有的范围,在实质上部分取代了本该属于刑法规范的功能。定罪方面,《从重决定》新增了7种死刑罪名;量刑方面,《从重决定》规定,对实施流氓罪、伤害罪、拐卖人口罪等特定犯罪分子,可以在相应罪名法定刑最高刑期以上进行量刑,罪刑严重的甚至可以判处死刑(即便是原罪名没有死刑)。

《从重决定》主要"替代"刑事实体法的功能,而《从快决定》则将刑事程序法的功能收入囊中。根据《从快决定》,诸如杀人、强奸、抢劫等严重危害公共安全、公民人身和财产安全的犯罪在事实清楚、证据确凿、民愤极大的情况下,可以不受刑事诉讼法关于各种法定时限的限制。

由此观之,"严打"的"严"对刑事实体法的影响体现在加大刑罚力度、增加死刑罪名;对刑事程序法的影响则表现为缩短法定的时限。从重从快构成了"严打"这一刑事政策最为核心的内容。

有了《从重决定》和《从快决定》的加持,"严打"政策在司法层面得到了持续和坚定的执行。回顾"严打"政策的具体执行情况,从1983年开始,我国的"严打"刑事政策掀起了多次运动式打击犯罪的高潮。第一次从1983年到1987年,第二次从1996年到1997年,第三次从2001年到2004年,之后的2010年、2014年均在特定领域延续了"严打"政策的精神和做法。不同的时期,"严打"的对象是不同的。比如1983年"严打",主要针对杀人、强奸、流氓等罪名。而2001年的"严打"则主要针对黑社会性质的有组织、团伙性犯罪展开。"严打"所针对的罪名从某个侧面描绘了我国社会改革开放发展的历史图景,可以说,"严打"是中国社会急速发展的历史图景在刑事法制上的倒影。

"严打"政策的执行,跨越了1979年《刑法》和1997年《刑法》两部刑法典。可谓我国晚近30年影响最为深远的刑事政策。

随着改革开放持续和深入法治,我国的社会、经济结构在进入新世纪后发生了重大的变化。2004年的《宪法修正案》增加了"保障和尊重人权"的规定,由此带来了刑法任务的根本变化。刑法的任务不再仅仅是惩治犯罪,还包括了人权保障。

在《宪法》的指引下,2005年,国家制定了宽严相济的刑事政策。实践5年后的2010年,最高人民法院发布了《关于贯彻宽严相济刑事政策的若干意见的通知》(以下简称《通知》)。《通知》是关于宽严相济刑事政策的第一个全国性的规范文件,表明了国家和社会对该政策的认可。2011年颁布实施的《刑法修正案(八)》根据宽严相济刑事政策的精神对刑法典做了较大幅度的修改,正式在刑事立法中确认了宽严相济刑事政策。在《刑法修正案(八)》中,体现"宽"的规定主要是关于老年人、未成年人的从宽处理,死刑罪名的减少、坦白从宽政策的刑法化。体现"严"的规定主要反映在限制减刑的规定、新的刑罚措施的增加(禁止令制度)。

从"严打"政策的"从重从快"到"宽严相济",两个政策之间的联系一直是学界探讨的重大课题。我国有学者认为两项刑事政策在合目的性意义上具有统一的价值诉求,认为:"依法从重从快是在我国基本刑事政策指导下的具体政策。我国的基本刑事政策是惩办与宽大相结合,依法从重从快与基本刑事政策是一致的。这种在基本刑事政策指导下的从重从快方针,与所谓的重刑主义不可同日而语"[①]。在统一的价值目标下,我国社会发展变革期的犯罪圈扩大

---

① 参见张穹主编《"严打"政策的理论与实务》,中国检察出版社2002年版,第84页。

化进程深深地烙印着刑事政策的痕迹。

(二) 我国刑事政策实践的启发

很明显，无论是"严打"还是"宽严相济"都在事实地改变着犯罪圈的大小。"严打"的刑事政策呈现出单向扩大犯罪圈的特征，而"宽严相济"则在扩大和限缩犯罪圈的趋势上发挥重要作用。回顾我国这两大刑事政策的实践过程，有一个问题是我们无法绕开的：在治理犯罪的过程中，为何刑事法制的管理者要在刑法规范外一再寻求刑事政策的支援。正如上文所引学者所言，"严打"和"宽严相济"在价值目标上统一的，且与具有规范属性的重刑主义不同，这是一种从社会政策的角度切入犯罪治理的逻辑。即便站在"从严从快"打击犯罪立场，重刑主义刑法理念亦有其存在空间（且不论这种刑事法制理念是否合理），但立法者仍然选择运用刑事政策作为治理犯罪的工具，而不是刑法规范。

这个问题的答案从不同角度有不同的呈现，如果将解答进路聚焦于刑事政策和犯罪治理的关系，答案就会显得比较清晰。转型期中国社会对治理犯罪的要求中，从快处置是最大的诉求。刑事政策特有的易变性、功利性更容易应对犯罪圈在事实层面扩大化的局面。在运用刑事政策治理犯罪时，规范性要让位于有效性，公正性要让位于功利性。从"严打"和"宽严相济"的实践结果看，确实在一定时期内取得了减少犯罪现象、保护人民人身财产权益、增强人民安全感等良好的社会效果，但其伴生的负面作用同样不容忽视。

我们运用刑事政策作为治理犯罪的主要工具，并在现实中取得各种效果的时候，有学者敏锐地发现我国刑事政策从立法到司法层面呈现出的"膨胀"现象，并表达了对这种现象的忧虑。这种"膨胀"具体表现就是刑法的过度刑事政策化。有学者指出，刑事立法存在着过度回应刑事政策的趋势，"以策入法"现象在刑事立中凸显。① 刑事立法和刑事政策之间存在着天然的差异，刑法所追求的公正性、稳定性、规范性和刑事政策的功利性、变动性和价值性之间存在着一道不可忽视的"鸿沟"。近年来，无论是刑事政策学还是刑法学，二者之间的关系日益引起关注。② 我们必须明确的是："不论刑事政策如何调节和影响刑法的运作，刑法永远是刑事政策不可逾越的藩篱"。③ 仅有"有效治理犯罪"这一价值目标尚不能保证刑事政策的运用能够塑造出犯罪圈扩大化的正当性。尤其是学者们担心刑事政策的"膨胀"，如果不能合理规制刑事政策的运用，刑事政策本身在治理犯罪的同时，有可能成为某些犯罪圈扩大化的"原因"。

二　从"鸿沟"到"贯通"——刑法学和刑事政策学的关系考察

李斯特提出"刑法是刑事政策不可逾越的屏障"，并将之作为刑法和刑事政策之间不可调和的矛盾，形成了"李斯特鸿沟"（Lisztsche Trennung）这道人们长久讨论的命题。罗克辛经过长期的研究，认为其解决了李斯特鸿沟，形成了"罗克辛贯通"。罗克辛贯通的目的是将刑事政策引入刑法学，针对李斯特所坚持的刑法和刑事政策的对立关系，罗克辛重塑了犯罪论体系，他通过实质化构成要件，将罪责理论目的化，在违法性论环节突出违法性考察的价值化，由此形成了其具有目的理性特征的犯罪论体系。④ 罗克辛贯通的关键是其建构的以目的理性为理论内核的犯罪论体系。刑事政策融

---

① 参见孙万怀《刑事立法过度回应刑事政策的主旨检讨》，《青海社会科学》2013年第4期。
② 劳东燕：《刑事政策与刑法解释中的价值判断——兼论解释论上的"以刑制罪"现象》，《政法论坛》2012年第4期。
③ 张永红：《刑法的刑事政策化论纲》，《法律科学》2004年第6期。
④ 陈兴良：《刑法教义学与刑事政策的关系：从李斯特鸿沟到罗克辛贯通——中国语境下的展开》，《中外法学》2013年第5期。

入刑法体所需要的一系列原则和依据均可在罗克辛的犯罪论中找到。罗克辛指出："实现刑事政策和刑法之间的体系性统一，在我看来，是犯罪论的任务，也同样是我们今天的法律体系的任务。"① 在目的理性的犯罪论体系中，罗克辛对德国古典派犯罪论体系的三阶层理论进行了大面积的刑事政策化改造，罗克辛说："罪刑法定原则的前提、利益对社会进行调节的利益衡量和对于刑法之目的的探求，就是我们所常见的各个犯罪类型的刑事政策之基础。"② 由此可见，罗克辛虽然"改造"了德国传统的犯罪论体系，但作为刑法学灵魂的罪刑法定原则、利益衡量原则和刑法目的原则仍然是其坚持的核心内容。这些原则保证了刑法学体系的独立性和价值归属，同时也能不断"斧正"刑事政策和刑法规范融合的进程。这样，罗克辛通过对犯罪三阶层理论的改造实现了刑事体系和刑事政策的贯通。

从"鸿沟"到"贯通"背后，实质是对刑事政策和刑法学学理脉络理解的不同。这种理解上的不同蕴含了刑法教义学和刑事政策学的学科品质、研究范式、理论体系的历史沿革以及沿革过程传承的历史积淀。在李斯特那里，刑法教义学与刑事政策有着严格的界限，二者是两个完全不同的学科，彼此的研究范式和学理逻辑之间存在着明显的不同。李斯特所理解的刑法教义学是一门具有形式意义实证性的学科，在这一学科里要完全排斥价值判断，这一点和罗克辛坚持在违法性论上进行价值判断的做法截然不同。李斯特的犯罪论体系属于刑事古典学派的犯罪论体系，在这种体系中，完全没有刑事政策存在的空间。将刑事政策排除在了犯罪之外后，李斯特仅从刑罚论中对刑事政策予以研究和考察。在刑罚论中，李斯特终

---

① ［德］克劳斯·罗克辛：《刑事政策与刑法体系》（第二版），蔡桂生译，中国人民大学出版社2011年版，第16页。
② ［德］克劳斯·罗克辛：《刑事政策与刑法体系》（第二版），蔡桂生译，中国人民大学出版社2011年版，第22页。

于给予刑事政策全面的评价。从刑罚的目的性出发，李斯特认为刑事政策应当追求并能实现刑罚特殊预防的效果。①"李斯特鸿沟"的核心逻辑是：刑法教义学中犯罪论与刑事政策的基本立场是分立和疏离的，刑事政策作为一种政策性工具，不可能融入刑法学体系中来。因此，在古典派的犯罪论体系中，犯罪化的正当性在刑法学体系内部就能形成逻辑上的自给自足，不需要再借助其他知识体系。只有在罗克辛贯通刑事学体系和刑事政策后，在犯罪化正当性的相同议题中才有引入刑事政策的可能性。结合我国具体的法律语境，陈兴良教授反思了我国刑事政策运用的实际过程，探索了我国刑事政策和刑法学融合的必要性以及可能性。陈兴良教授认为中国目前还没有建立起真正的刑法教义学体系，但刑事政策在司法实践中已经长期且大范围的运用，因此"李斯特鸿沟"仍然具有十分重要的意义。②从"李斯特鸿沟"到"罗克辛贯通"，刑法学和刑事政策的发展变化的关键因素在于刑法体系自身的发展，这里，我们需要着重指出的是，从解决问题的路径上看，罗克辛选择的是对刑法教义学进行理论改造，而不是去改造刑事政策。在我们建构犯罪化正当性依据时，需要意识到这一点。

罗克辛改造犯罪论以接纳刑事政策的路径中包括了构成要件实质化、罪责结构中的目的化以及违法性分析中的价值化。这其中对于我们寻找犯罪圈扩大化最有启发意义的是违法性的价值化。相对于刑法规范强调的公正性，刑事政策运用中具有强烈的功利取向，运用刑事政策就要取得有效治理犯罪的结果。在违法性中加入价值判断的内容，刑事政策的功利性和刑法规范的公正性就有了结合点，其构造的犯罪圈扩大化有效性因子就有可能和刑法规范相结合。当

---

① 此时刑事政策功能限缩于特定犯罪行为和犯罪人。
② 参见陈兴良《刑法教义学与刑事政策的关系：从李斯特鸿沟到罗克辛贯通——中国语境下的展开》，《中外法学》2013年第5期。

然，这种结合必须在实践层面接受刑法规范的合理规制。我国晚近刑事政策的运用呈现出刑事政策的刑法化或曰刑法的刑事政策化趋势，这种趋势需要我们进一步研究。

第三节　犯罪圈扩大化正当性的刑事政策检视

　　刑事政策的刑法化的合理性问题和刑法的刑事政策化合理性问题需要的是同一种解答方式。无论是"严打"还是"宽严相济"，刑法的刑事政策化已然是我国刑事法制发展进程中的一个客观实际，刑事政策的合理性因此也具有了特殊的时代意义。

　　刑法的刑事政策化，也称为刑事政策的刑法化，两者其实是一个问题的两种表述，只是视角稍有不同而已。具体而言，刑事政策的刑法化描述的是动态的刑事立法过程，而刑法的刑事政策化则是前者的结果。我们所说的刑法的刑事政策化，是指在刑法中贯彻刑事政策的内容，从而使刑法成为落实与实现刑事政策的工具。[1]

　　我国学者曾经对刑法的刑事政策化进行了以下界定："所谓'刑法的刑事政策化，就是在刑法的制定和适用过程中，考虑刑事政策，并将其作为刑法的评价标准、指引和导向。"[2] 这一定义对我国历年来刑事政策运用的实践来说可算一个精确的描述。事实上，无论是"严打"刑事政策的刑法化还是宽严相济刑事政策的刑法化，都表明我国刑法刑事政策化倾向是极为明显的。尤其是"严打"与宽严相

---

[1] 参见陈兴良《刑法教义学与刑事政策的关系：从李斯特鸿沟到罗克辛贯通——中国语境下的展开》，《中外法学》2013年第5期。

[2] 黎宏：《论"刑法的刑事政策化"思想及其实现》，《清华大学学报》（哲学社会科学版）2004年第5期。

济这两种刑事政策存在一定的疏离性，在这种情况下，前后相续地影响了刑事立法和司法。这种影响引发了学者们对刑法刑事政策化合理性的思考。从刑法规范独立性价值进行考量，在政策运用层面的刑事政策合理性不一定能为犯罪圈扩大化正当性提供有效性因子。

我国有学者指出："刑法和刑事政策具有共同的目的，二者在手段和对象上也有相同之处，因此，刑法应该以刑事政策为指导，但这并不意味着开法的刑事政策化就是把刑法变为刑事政策，刑事政策绝不能超越或者替代刑法……不论刑事政策如何调节和影响刑法的运作，刑法永远是刑事政策不可逾越的藩篱。因为刑法和刑事政策之间存在着重大的差别，这些差别决定了刑法的刑事政策化应有合理的限制，不能把刑法变为刑事政策。"[1] 这一论述既可以理解为刑法刑事政策化合理性的界标，也可以视为刑事政策刑法化合理性界标，同时也是犯罪化正当性寻求合理性塑造的一个基本标准。

刑法与刑事政策是来自各种不同的现象：刑法是法律现象，主要是指刑法典，它以法条的形式呈现，是立法活动的结果，也是司法活动的根据。犯罪化可以通过刑事立法活动实现，也可以通过刑事司法活动实现，更重要的是，犯罪化在刑事立法和刑事司法环节对正当性的要求是不一样的。我国现实的法律语境中，刑事政策对犯罪化合理性的塑造无论是在立法环节还是司法环节都需要处理好和刑法的关系。

刑法是一个国家刑事法制的核心，发挥着人权保障与社会保护的双重功能，这两大功能在刑事政策的价值序列呈现方式显然不同于刑法。刑事政策首先是一种政策，一种关于惩治犯罪、维护社会治安的政策。政策属于政治的范畴，学者卢建平认为刑事政策其实应该翻译成刑事政治，而犯罪问题应该是一个公共政策问题，他指

---

[1] 张永红：《刑法的刑事政策化论纲》，《法律科学》2004 年第 6 期。

出,"只有将刑事政策上升到政治的层面,才有可能考虑市民社会在刑事政策体系中的地位作用,政治国家与市民社会双本位的二元犯罪控制模式的实现才是可能的,国家主导、社会力量广泛参与的综合治理的政策特色才能充分显示出来,作为'治道'的刑事政策的本色也才能得到完全的展示。"①

"治道"必须具有正当性,刑法学是刑事政策正当性的基础,由此展开的刑事政策乃至犯罪化正当性的理论特质中无时无刻不包含规范性的要求。同时,刑事政策也是"治恶"之道。治恶又不得不包含是否有效等功利性要求,而这种要求同时也是犯罪圈扩大化正当性的依据之一。

从"严打"等刑事政策实际运用看,"从快从重"已然在实体法上侵入了犯罪论的领域,将特定犯罪行为的犯罪化纳入刑事政策的视野。如果我国的刑事教义学体系传承的是刑事古典学派的学理脉络的话,那么,在犯罪论中剔除刑事政策的内容似乎是个合理选项。但正如陈兴良教授所言,我国尚未建立刑法教义学体系,不存在也不需要去弥合刑法学和刑事政策之间的鸿沟。因此,问题并未解决。

事实上,紧随"严打"之后的宽严相济刑事政策也面临着刑法学的拷问。宽严相济刑事政策在最初提出时具有明显的司法性特征,但随着实践运用的展开,该政策完成了向"基本刑事政策"的转变。然而,这种扩张解释没有经过系统论证,也不具有全面充分的理由。宽严相济应当从立法政策回归司法政策。② 宽严相济刑事政策的提出,一方面是对中国法制传统的弘扬,另一方面更现实的理由是对以前过度强调"严打"的纠正。发展至今,已然有从司法政策跃升至立法政策的趋势。而立法的特点及基本品质表明,宽严相济刑事

---

① 卢建平:《作为"治道"的刑事政策》,《华东政法学院学报》2005年第4期。
② 孙万怀:《宽严相济刑事政策应回归司法政策》,《法学研究》2014年第4期。

政策不可能直接表现为立法政策，否则诸多逻辑困境难以处理。例如，不能正确处理和惩办与宽大相结合政策之间的关系可能导致重复评价或政策的虚无化；如果旧的法律规范已经被新法修改，势必不存在所谓"相济"问题等。

从犯罪圈扩大化正当性如何实现的角度或曰合目的性看，刑事政策刑法化或刑法的刑事政策化可以视为正当性依据的合理路径。一个符合规范法学意义下正当性原则的刑事政策可以成为犯罪圈扩大化正当性的基础。

刑法学检视下的刑事政策，只要能在合理范畴内展开，抑制住"膨胀"的趋势，就具备了犯罪圈扩大化正当性的基础。但通过梳理刑事政策和刑法规范的学理联系，我们也能清楚地看到，刑事政策和刑法规范之间的紧张关系。作为治理犯罪的工具，二者在某些领域尚不能共存。此外，具体到刑事政策本身，刑法规范只能回答刑法政策合理运用的问题，而不能给予刑事政策是否具备有效性的解答。

转换视角，寻找刑事政策有效性的答案应结合犯罪学的研究范式。在犯罪学论域中，刑事政策的有效性和犯罪圈扩大化所需要的有效性之间在逻辑链上具有相辅相成的联系。

第四节　刑事政策有效性的犯罪学检视

刑事政策同样是犯罪学的研究主题之一。犯罪学关于刑事政策的研究具有强烈的实证性色彩。我们以犯罪心理学家考察刑事政策的模式为例来说明。犯罪学家通过实证研究，获取关于少数具有重复犯罪倾向的犯罪人制造犯罪的相关数据，发现多数刑事案件由这些具有重复犯罪倾向的人实施。针对这种情况，犯罪心理学家得出的实证研究结果表明可以针对这一类重复犯罪倾向的人通过制定具体的刑事政策予以规制，因为刑事政策虽不具有制定刑事处罚措施的功能，但可以影响到具体刑法措施的适用。另外，针对具有危险性心理因素的犯罪人，单纯运用刑事政策、扩大刑罚运用措施并不会取得良好的社会效果，对此类犯罪人的预防措施中心应当在于非刑罚措施，即教育、救济与调解。① 此时，刑事政策并没有运用空间，也不能给予犯罪圈扩大化正当性基础。在犯罪心理学家看来，刑事政策的有效性是建立在犯罪心理学知识体系的基础上，并最终通过相应的知识予以检验。犯罪学关注的是在犯罪预防等诸多实践性操作中，刑事政策如何实现其目的。这种目的在某种程度上是功利的，而非规范的。再如，合理的刑事政策必然建立在对犯罪原因正确认识的基础上，有犯罪学家从人格角度分析犯罪原因时发现具有特定人格缺陷的人遭遇到致罪因素，往往会促发犯罪行为。如果我们能够通过实证研究，聚焦于犯罪人的人格上——犯罪人体现出的不健康或非正常人格——而不是机械地从自然环境、社会条件、犯罪人的生理因素切入，通过现实地描述导致行为人犯罪的人格因素，能够更合理、更科学地把握犯罪发生的真实原因。基于此，犯罪心理学家认为如果能够将刑事政策建立在关于犯罪人的人格研究理论成果上，"在定罪量刑时充分考虑犯罪人的人格，可以促进刑事政策的合理化"②。

作为犯罪圈扩大化正当性的外生性因素，刑事政策能够在有效性方面提供理论支持，这种理论支持是一种犯罪学意义上的知识体系。

一　刑事政策合有效性的犯罪学逻辑基点：正确认识犯罪原因

李斯特曾指出："利用法制与犯罪作斗争要想取得成效，必须具

---

① 李玫瑾：《犯罪预防的刑事政策与社会政策》，《法治研究》2014 年第 3 期。
② 参见翟中东《将人格纳入刑事政策的犯罪学理由》，《河北法学》2004 年第 1 期。

备两个条件,一是正确认识犯罪的原因,二是正确认识国家刑罚可能达到的效果"。[①] 不能正确认识犯罪原因,难言合理构建刑事政策。对犯罪原因的不同认识,所提供的刑事政策理论支持程度就不相同。

在边沁（Jeremy Bentham）的功利主义法哲学理念中,犯罪人是为了"追求财富之乐、技能之乐、和睦之乐、权势之乐、想象之乐、作恶之乐等,逃避匮乏之苦、感官之苦、棘手之苦、敌意之苦、虔诚之苦等而犯罪的"[②]。而犯罪人类学派认为犯罪人的犯罪行为是具有生物决定性特征的。例如,天生犯罪人理论认为犯罪就是犯罪人天性所决定的。而犯罪社会学派则认为,社会原因是犯罪人犯罪的重要原因。李斯特曾提出"大众的贫穷是培养犯罪的最大基础"[③]的论断。

不同犯罪原因之上,刑事政策寻求的合理化路径就不相同,我们很难在犯罪学领域去定义一个具有普遍合理性的刑事政策是什么,但我们可以通过准确定位犯罪原因来保证刑事政策的合理性,合理性的刑事政策得以执行,就能确保政策执行的有效性。这种有效性又可以进一步形成犯罪圈扩大化的正当性基础。

二 刑事政策有效性的犯罪学校检

刑事政策的有效性在犯罪学领域有两个重大议题。一是刑事政策的有效性是什么,二是如何评估刑事政策的有效性。

第一个议题核心是刑事政策的有效性应包括哪些内容。犯罪学考察刑事政策的有效性是经验的、事实的,描绘的是刑事政策运作

---

① [德] 弗兰茨·冯·李斯特:《德国刑法教科书》,徐久生译,法律出版社2000年版,第13页。
② [英] 边沁著:《道德与立法原理导论》,时殷弘译,商务印书馆2000年版,序言部分。
③ 参见林纪东《刑事政策学》,台湾编译馆1969年版,第24页。

中所能提供的犯罪化正当性实施绩效的现实图景。犯罪学视域下的刑事政策有效性不追求精致的理论建构,不强调稳定的逻辑自洽性,其有效性中包含了功利性、价值性和动态性的特征。

在犯罪学的发展历程中累积了很多关于刑事政策有效性主要内容的知识,概括起来有四个方面:政治绩效、法律绩效、司法绩效和社会绩效。[①]

政治绩效是刑事政策实施有效性最为集中的体现。在某种程度上,刑事政策可以理解为刑事政治。犯罪圈扩大化是否正当,又必须要进行政治属性的考量。政治绩效可以说是刑事政策实施绩效的最为集中的表现。从社会治理的角度看,犯罪圈的发生规律、扩大化的边界、对社会民众切身利益的影响等因素都是刑事政策的政治绩效所关注的内容。此外,刑事政策的政治绩效还与法律关系相关,任何一项刑事政策的实施都必须在宪法与法律范围内活动,不能超越法律的边界。

法律绩效是指刑事政策制定和执行应准确反映特定社会的犯罪结构,并为立法活动提供政策支持。刑事政策不同于刑法规范的一点是其灵活性和功利性。在实际运用中,刑事政策可以直接定位犯罪原因,准确反映犯罪发生的规律和罪因结构。立基于此,刑事政策才能对未然之罪予以有效的控制和预防,其法律绩效才能得以实现。也正是在这个意义上,犯罪化正当性理论内核中有效性链接了犯罪原因和刑事政策这两个犯罪学知识平台。任何有关犯罪化的制度安排都是刑事政策实施中的法律绩效所要包含的基本内容。

司法绩效。良法善治是刑事政策和刑法规范共同的价值目标。刑事政策的司法绩效要求刑事政策在运用中能够实现社会善治。社会善治的本质特征是司法与公民对公共生活的合作管理,是政治国

---

① 姜涛、刘万啸:《刑事政策实施绩效评估的理论模型与实证研判》,《法学杂志》2010年第7期。

家与公民社会的一种新型关系,是实现两者关系的最佳状态。[①] 在社会善治的指引下,刑事政策在运行中要让位于法定化的司法权力,刑事政策不能成为司法权力的依据。刑事政策应在司法权力规范化的监督机制下运行,其司法绩效体现在配合司法权力实现社会的良法善治之中。上文有述,犯罪化在刑事司法过程中同样有着正当性的要求,这种正当性如果用司法绩效来描述,核心内容的就是"治"。通过治恶到达善治的目的,使得犯罪圈扩大化的有效性获得司法实践的支持。

社会绩效。刑事政策实施的社会绩效主要以满足社会公众的需求为出发点。治理犯罪是刑事政策实施的主要目的,同时也是社会公众对社会治理的需求之一。社会公众的"体感治安"在很大程度上反映了一个社会提供公共安全产品的能力和效率,刑事政策实施是提高社会公共安全感的一个重要政策工具,其效率和效果绩效当然应包括社会公众对安全的认同感、对社会治安的认可。刑事政策在调动行政资源、司法资源等各种资源应对犯罪时,社会绩效是评价其有效性的最终标准,刑事政策一切的举动最终要回归到社会(而不是刑法规范)来接受检验。

综上,一个有效的刑事政策,必须是包含政治、法律、司法和社会绩效的政策。这样的刑事政策才能保证犯罪圈扩大化进程的有效性。

第二个议题是刑事政策实施绩效评估的科学方法。上述绩效标准是刑事政策有效性在应然性上应有的基本内容,如何实现以及是否实现还需要科学的评估办法。犯罪学领域主要针对具体刑事政策展开评估,评估的内容包括刑事政策在实际实施过程中投入的各项资源、取得的实际效果,并结合上述绩效标准划分出不同的等级。

[①] 参见俞可平主编《治理与善治》,社会科学文献出版社2000年版,第9—11页。

从目的性而言，对刑事政策实施过程中的政治绩效、法律绩效等内容的评估，旨在确保刑事政策的执行效率、合理地应对犯罪现象、防止政策实施者利用施政之机中饱私囊。刑事政策的绩效评估的范围十分广阔，围绕具体刑事政策的实施，从人权保障的效果到社会治安水平的提高、再到特定犯罪的防控和治理，都可以成为刑事政策评估的对象。刑事政策绩效评估突出的是刑事政策实施过程中的效率和公信力特征。在刑法政策刑法化的趋势中，合理的绩效评估方案可以确保刑事政策和刑法规范在各自专属的领域为犯罪圈扩大化提供正当性依据。

实践中经常用的刑事政策实施绩效的评估方法有以下几种。

价值评估法。价值评估法是刑事政策实施绩效评估中最为常用也是最为重要的方法，价值评估是"……在分析政策价值取向对政策实施绩效评估的基本影响和制约作用的基础上，进一步分析政策价值取向与政策实施绩效评估指标体系的辩证关系及科学处理这种辩证关系的方法和策略。"[1] 价值评估法涉及的是刑事政策实施中的深层次的评估事项，既要检验刑事政策是否符合制定者的价值目标，是否完成了制定者认为"有价值"的任务，也要考察刑事政策的价值实现和刑法规范性要求之间的协调与冲突。如果一种刑事政策在制定和执行中明显有违刑法规范性要求，我们很难说这样的刑事政策有效地实现了其制定时的价值目标。

就价值评估而言，我们还要进一步说明的是，一项有价值的刑事政策和一项有价值的刑法规范并不是同一层面的问题。刑法规范是法律规范，而不是道德规范、不是民俗约定、不是习惯传统，其根本特征是规范性。没有规范性的基础的刑事法律是毫无价值可言的。而刑事政策是一种社会公共政策，其价值内核里蕴含了政治诉

---

[1] 彭国甫：《价值取向是地方政府绩效评估的深层结构》，《中国行政管理》2004年第7期。

求。刑法规范可以理解为"……指引裁判者定罪处刑为手段、以禁止社会大众实施犯罪为目的的法律规范。"① 不同立场中,刑法规范可以理解为行为规范,也可以理解为裁判规范,无论是哪一种规范,都要求其具备规范性。与之相对应,刑事政策则强调价值性,所追求的是国家、社会管理者希冀实现的社会治理的目标。通过制定犯罪预防、教育、矫正等政策实现社会治理的目标。

由此观之,刑法的规范性与刑事政策的价值性在内在属性上有着明显差异,我们评估刑事政策实施绩效的价值时,不能完全按照刑法规范性的标准展开,但又不能完全脱离刑法规范。我们需要全程跟踪刑事政策的运作,确保政策实施兼顾价值性和规范性,并在实现价值、规范运作的基础上体现有效性。这是刑事政策实施绩效价值评估法的一大特点。

定量评估法。定量评估法是犯罪学研究中较为常见的研究方法,立足于田野调查、资料收集等实证研究,采用因素分析、聚类分析等分析方法,对调查收集获取的初选材料进行分析,找出关键性评估指标,建立全面的评估模型。定量评估面对社会民众,通过对具体犯罪刑事政策进行评估,针对刑事政策作用的具体犯罪的投入资源、实施过程、具体效果、社会影响等指标进行分析,以公正、效率为导向,得出一项具体的刑事政策是否有效的结论。定量评估法的优点是"可将绩效评估所收集的信息进行量化处理,并从中找出主要指标。"② 犯罪圈扩大化是否具备有效性,定量评估法可以凭借其优点找到和犯罪圈扩大化关联最为紧密的评估指标,使犯罪圈扩大化有效性在刑事政策层面具备可视化的标准。

定性评估法。对刑事政策的定性评估站在宏观的社会总体特征之上,评估标准以刑事政策实施的法治化和科学化为主。上文我们

---

① 参见梁根林《刑事政策:立场与范畴》,法律出版社2005年版,第231页。
② 参见梁建春《实施绩效评估的几个重要步骤》,《求实》2004年第5期。

分析刑事政策和刑法体系的关系时指出，刑事政策不能"越界"，突破刑法规范的界限。定性评估在宏观层面针对一个较长时期内运行的刑事政策进行持续的评估，可以得出该刑事政策是否确保了犯罪圈扩大化的有效性，这种有效性是在法治国原则下展开的。

　　综合评估法。综合评估法是综合了上述三种评估方法的综合性评估策略，在现实中运用最为广泛。综合评估法针对刑事政策不同的侧面，灵活掌握评估切入点，科学设置评估指标，为犯罪圈扩大化寻求有效性因子提供科学、全面的依据。

第五章
犯罪治理：犯罪圈扩大化正当性的内生动力

犯罪治理是犯罪圈扩大化的内生动力。犯罪圈扩大化的价值目标体系中，犯罪治理是最为重要的内容。犯罪圈扩大化如果不能带来犯罪的有效治理，其正当性是无处安放的。

犯罪作为一种社会现象，具有典型的反社会性。犯罪治理作为社会综合治理的一个子项，是针对犯罪行为或其他社会越轨行为所采取的一系列举措。犯罪治理需要建立在科学研究社会生活中各种真实发生的犯罪现象的基础之上，通过确立具有可行性的治理方法，选择包括刑法规范、刑事政策在内的多种方式，组合多方力量系统作用于犯罪现象的治理之道。[①] 在这种治理之道中，犯罪治理，治理的是犯罪，犯罪生成需要犯罪化。从治理的必要性和可操性两个维度看，犯罪治理构成了犯罪圈扩大化正当性的内生动力。这种内生性动力是犯罪圈扩大化正当性依据在价值诉求方面的出发点和归宿点。如果治理需要，或者说犯罪化操作可以作为有效治理犯罪的选项，犯罪圈扩大化的正当性就有了一个有效性的因子。

犯罪治理中，具有一般意义的是"治理"，具有特殊意义的是"犯罪"。从一般意义来看，国家治理诸如环境问题、社会治安问题

---

① 参见卢建平、姜瀛《论犯罪治理的理念革新》，《中南大学学报》（社会科学版）2015年第1期。

等都是社会治理的内容，关于犯罪现象的治理便是社会治理的一个子项，和其他社会治理具有共性。从特殊意义来看，"犯罪"作为一种社会现象，其治理的手段、目标和评估方法显然不同于其他治理对象。从犯罪学发展史看，一个作为犯罪学普遍承认的结论是：犯罪在特定社会历史条件是不可避免的，针对一种不可避免的社会现象，其治理措施毫无疑问不能包含彻底消灭这一现象的诉求。治理犯罪最主要的价值选项应当是预防和控制——确切地说是有效的犯罪预防和犯罪控制。治理犯罪的对策中，控制和预防是最为重要的操作手段。犯罪治理作为犯罪圈扩大化正当性原则的内生性动力，既是扩大化正当性的方向，亦是扩大化正当性的依据，更是扩大化有效性的价值评判标准。犯罪治理之于犯罪化正当性的机能体现在犯罪预防和犯罪控制之中。

第一节　犯罪控制、犯罪预防与犯罪治理

　　犯罪控制、犯罪预防和犯罪治理三个概念在犯罪学领域有着不同的样态。从研究的目的看，犯罪学研究的价值归宿需要从犯罪控制和犯罪预防中寻找。此间复杂之处还在于，刑法学对犯罪预防同样予以了规范法学意义上的建构，其价值归宿又和犯罪学意义上的犯罪预防呈现出交织的状态。至于犯罪治理，更是一个复杂得足以超越刑法学、犯罪学研究范畴的问题。转型期中国的法治进程中，犯罪治理一直是且在将来很长一段时间内都是我国刑事法治的重要任务。如果我们追问当代中国社会需要什么样的犯罪治理，从上文刑事政策的讨论中，我们可以得出一个最直观也是最本质的回答：治理好犯罪。进一步理解"治理好"的内涵，有效的犯罪预防体系、犯罪控制体系显然是必备内容。这样，我们可以简单勾勒出犯罪治

理、犯罪控制和犯罪预防之间的关系：以"有效"作为价值层面的"最大公约数"，犯罪治理的一系列具体对策中，必然包含预防和控制的内容。预防和控制在具体内容和结构上会有差异，但有效的犯罪预防措施往往正是有效的犯罪控制措施。

无论是作为价值目标，还是实现手段，犯罪治理都能够在有效性层面上为犯罪圈扩大化的正当性提供理论支持。一个权威的犯罪治理措施或者说有效的犯罪治理结果是犯罪圈扩大化正当性体系中必不可少的要素。

一 犯罪预防和犯罪控制

（一）犯罪预防的学理脉络

犯罪学界一个有力的观点认为："简单而极端地说，犯罪对策就是打和防两种。前一种是古典的犯罪对策，在人类社会发展史上已经经历了很长时间；后一种是现代的犯罪对策，实际上只有一百多年的时间。"[①] 这里的犯罪对策实质上就是犯罪预防的策略。犯罪对策直接对应于犯罪原因，衔接了犯罪学考察犯罪现象时最为基本的两个问题——"发生了什么"和"怎么办"的逻辑链条。将犯罪预防和犯罪对策等同未必是一种逻辑清晰的概念构造，但在"怎么办"这一逻辑链条上，犯罪预防可以将犯罪化正当性作为其逻辑进程中一种重要的动力：如果总体的犯罪化不能有效预防犯罪，那么，这种犯罪化是缺乏正当性依据的。如果针对某一行为的犯罪化操作没有有效预防该犯罪行为，那么这种犯罪化也是缺乏正当性依据的。

进一步的问题是：同样的逻辑链条是否存在于犯罪控制中呢？回答这个问题前，我们首先要梳理犯罪预防和犯罪控制两个概念的联系与区别。

[①] 王牧：《我国犯罪对策的战略选择》，《中国刑事法杂志》2004 年第 3 期。

我国犯罪学者指出：犯罪预防与犯罪控制在概念结构中确有相似之处，不过细究下，二者差异性较之相似性来得更为明显，在目标、手段等方面均有不同。犯罪预防和犯罪控制在"……在知识平台、主体特征、基础特征、措施特征及模式上有着诸多方面的显著区别。"①

犯罪预防和犯罪原因密切相关，预防措施——无论是国家、社会、相关组织还是个人的——可以在解释社会中各种致罪因素的基础上，有针对性地展开。针对犯罪现象的预先防范措施具有一定的被动性，犯罪控制则与犯罪发生的条件相关联。面对个体及社会层面的犯罪现象，国家和社会采取的一系列控制、遏制犯罪现象的手段都是犯罪控制。犯罪控制具有一定的主动性，不仅针对未然之罪，甚至未然之罪的产生条件也可纳入到控制的范畴之内。

一言以蔽之，犯罪预防建构在犯罪的发生机制之上，犯罪控制则是以犯罪形成机制的揭示为其建构的基础。

犯罪预防，有刑法学和犯罪学两种理论维度。刑法学意义上，学者们将犯罪预防放置于刑罚论体系中加以考察，与刑罚的目的论相关。所谓刑法目的，是指国家通过刑事立法对付犯罪现象的强制措施以及其具体适用和执行所预期实现的效果。② 我国通说的刑法理论认为，刑罚运用的目的就是预防犯罪，包括特殊预防和一般预防。此外，还有惩罚说、改造说等。③ 从刑法典的规定看，我国《刑法》第二条明确规定，中华人民共和国刑法的任务是用刑罚同一切犯罪行为做斗争。作为和犯罪做斗争的武器，预防犯罪自然是刑法目的的题中之义。在刑法理论的逻辑理路中，刑罚基于犯罪而发动，刑

---

① 张小虎：《犯罪预防与犯罪控制的基本理念》，《河南省政法管理干部学院学报》2008 年第 1 期。
② 参见张明楷《刑法学》（第四版），法律出版社 2014 年版，第 457—469 页。
③ 参见马克昌主编《刑罚通论》，武汉大学出版社 1999 年版，第 59—63 页。

罚权的运行以犯罪存在为前提。刑罚的功能基于刑罚目的而生，刑罚目的指向所在，正是刑罚功能生成之地。刑罚具有特殊预防和一般预防两种功能。所谓特殊预防，是指通过将刑罚措施适用于特定犯罪对象而产生的积极预防犯罪的社会作用。所谓一般预防，是指刑罚措施对犯罪人以外的其他不特定社会对象可能产生的积极的社会作用。[①] 刑法的特殊预防以具体的"犯罪人"为对象，通过对犯罪人直接运用刑罚来剥夺犯罪人再犯罪的能力。特殊预防更具不同的法律语境，有不同展开方式：强调对犯罪人犯罪能力的剥夺，称为剥夺犯罪能力主义的特殊预防策略；强调刑罚作为矫正、改善犯罪人手段的可以称为矫正主义的特殊预防策略。刑罚的一般预防可以分为消极的一般预防和积极的一般预防。消极的一般预防又称为"威慑预防论"，其理论基底是我们上文谈及的费尔巴哈的心理强制说，以"威吓"为其主要特征，通过对特定犯罪人适用刑罚来防止其他不特定社会主体实施可能的犯罪行为，由此达致预防犯罪的目的。积极的一般预防又称为规范预防论。积极的一般预防主要是通过对犯罪人正确适用刑罚，由此明示刑法规范确立犯罪和刑罚的正确性，从而增强社会中不特定主体的规范意识、认可刑法的权威性，最终实现犯罪预防的目的。

在刑罚积极的一般预防中，刑法评价和意思决定机能共同发挥着重要作用。刑法的评价机能是指刑法可以将特定的行为犯罪化并课处刑罚，由此为社会公众提供一个关于罪与非罪、罪轻罪重的价值评判标准。刑法的意思决定的机能，则是指刑法指令一般人按照这种价值判断标准而做出的意思决定。[②] 在积极的一般预防中，评价机能是犯罪化权威性的一个侧面，而意思决定机能则与犯罪合理性

[①] 参见刘宪权主编《刑法学》，上海人民出版社 2012 年版，第 266—269 页。
[②] 参见［日］木村龟二主编《刑法学词典》，顾肖荣等译，上海翻译出版公司 1991 年版，第 411 页。

相关。

在刑法理论体系中，犯罪预防和刑罚的目的、功能等理论对接，可以在刑罚论框架内完成了自身的理论建构。相比于刑法学中犯罪预防的成熟与稳定，犯罪学意义上的犯罪预防体系似乎长期处于一个动态发展中。犯罪学意义上的犯罪预防，立基于犯罪原因展开，落脚于犯罪的有效治理。

犯罪学理论中，犯罪预防可以理解为对犯罪现象事先防范的一切活动和措施。详细展开，则需要借助于犯罪原因提供的理论衔接点。在犯罪学理论中，犯罪预防需要立基于犯罪原因的发现。在解释社会中各种真实存在的犯罪现象背后的各种致罪因素后，相应的防范措施、手段才能有针对性地运用。从最广义的视角看，犯罪预防包括对社会领域与自然领域存在的致罪因素所预先做出的一切措施，这些措施至少能够反映犯罪这种客观事物发展的趋向，以减少犯罪的可能性或它的危害结果。[①] 和上述刑法学意义上的犯罪预防相比，犯罪学的犯罪预防和犯罪原因论相关链，其具体措施和方案包括但不限于刑罚措施的运用，从国家到个人，从学校到社区，从司法人员到家庭成员均可成为犯罪预防措施的实施主体。这些遍及社会各阶层的主体所能采取的犯罪预防措施在外延上远远大于刑法规范所提供的方案。

我们以英国的实践为例进行说明。英国的犯罪学实践中发展出了三个层级的犯罪预防体系。基本预防（Primary Prevention）注重在犯罪发生之前、发现人群以及公告场所中潜在的犯罪因素；二级预防（Secondary Prevention）则针对因为某种倾向性因素而被确定为"危险"的人群或地点展开；三级预防（Tertiary Prevention）直接指向预防犯罪事件的再发生，预防的途径是通过锁定那些已成为犯罪

---

① ［英］亚当·克劳福德（Adam Crawford）：《犯罪预防与社区安全》，袁益波、韩永初译，《牛津犯罪学指南》，中国人民公安大学出版社2012年版，第671页。

模式的组成部分的已确定的犯罪人、受害人或地点。①

  我国犯罪学者对犯罪预防做了分层,切分出宏观的犯罪预防和微观的犯罪预防两个维度。其中,宏观的犯罪预防包括"社会预防、心理预防、治安预防、刑罚预防;微观的犯罪预防则包括家庭预防、学校预防和社区预防"②。另有学者从社会综合治理的角度来考察犯罪预防,认为犯罪预防可以分为刑事预防和社会预防、总体预防和分类预防、一般预防和特殊预防、犯罪预防和被害预防。③

  透过具体的犯罪预防措施,犯罪学和刑法学一样为犯罪预防建构了一套形而上的理论体系。迪尔凯姆阐述其社会学的研究方法时曾指出,犯罪是一种触犯某些强有力的集体情感的行为。④ 犯罪如同人类社会的疾病一样,具有某种不可避免的属性。不可避免的犯罪现象对犯罪预防的可能性提出了一系列的追问。犯罪预防措施是否有效?这是一个实践层面的问题。迪尔凯姆同时指出,犯罪作为一种触犯社会集体情况的行为,在某种程度上对社会的发展进步是有益。犯罪行为在触犯过往或当下的集体情感时,也蕴含了未来的集体情况的形成。犯罪行为的发生发展有时是社会发展进步的某种投影,只不过是投影的阴暗面。概括而言,犯罪行为毫无疑问是一种具有社会危害性的行为,但在迪尔凯姆看来,这种侵犯集体情感的行为,如疾病一样,一方面疾病不可避免,另一方面疾病可以成为促进公共健康发展的一种手段。基于此认识,犯罪学关于犯罪预防的理论体系中,预防的可能性和必要性就成为了预防基本原理中

---

① See Birmingham, and Taylor, "Situational Crime Prevention as a Key Component in Embedded Crime Prevention", *Canadian Journal of Criminology and Criminal Justice*, Vol. 2, 2005.
② 康树华:《犯罪学——历史·现状·未来》,群众出版社1998年版,第191—196页。
③ 参见张旭《犯罪学要论》,法律出版社2003年版,第208—277页。
④ [法]迪尔凯姆:《社会学研究方法论》,胡伟译,华夏出版社1988年版,第33页以下。

必要的理论支点。犯罪预防的规划、策略和措施均在可能性和必要性上给出合理的解答。而犯罪化正当性原则的外生动力也蕴含于此，我们将在下文详述。

（二）犯罪控制的学理脉络

从学术旨趣来看，犯罪控制似乎不是刑法学或刑事诉讼法学所关注的主题。从刑事立法到刑事司法，犯罪控制作为一个外在的客观目标，始终存在于刑法和刑事诉讼法执行的场域。犯罪化一些行为，控制一些被犯罪化的行为，均客观地存在于刑法运用的场域中。

有学者认为，"当代刑法的犯罪控制策略的特征可以从两个方面予以概括：一是作为本体性策略的合理规范确证；二是作为一体化策略的犯罪应对措施的多元化"[1]。本体性的犯罪控制策略在逻辑上和积极的一般预防类似，主要立足于刑法的评价机能，通过合理地适用刑法规范、有针对性地运用刑罚措施、对行为做出公正的评价，最终引导人们认可刑法规范，将刑法规范内化为行动方针。第二个层面的犯罪控制策略强调犯罪控制措施的多元化，在某种程度上已经具备了和犯罪学相似的学术旨趣。我们下面着重分析刑法学意义上第一个层面的犯罪控制概念。

刑法学意义上的犯罪控制依然强调规范性。刑事立法或司法所提供的犯罪控制策略发挥作用的基础是社会公众的认可。犯罪控制策略实现公正评价特定行为，奠定其入罪标准，均是为了促使社会公众接受并信赖刑法规范意义上的犯罪控制方法。从作为刑事古典学派理论内核的意思决定理念来看，刑法学意义上的犯罪控制策略建构的逻辑起点在于认可社会中不特定的主体均具有意思决定的能力和自由。"意思决定"是刑事古典学派所建构并视为犯罪论理论基

---

[1] 王志远：《〈刑法修正案（九）〉的犯罪控制策略视野评判》，《当代法学》2016年第1期。

底的概念，由此概念展开的刑法学意义上的犯罪控制理论所遵循的仍然是某种先验的逻辑体系。在规范性的理论基底上展开的犯罪控制策略可称为规范性的犯罪控制策略。

规范性的犯罪控制策略之于犯罪圈扩大化正当性具有十分重要的意义，即便是从犯罪学角度考察，我们仍可以从规范性控制策略之于犯罪化正当性关系中获得足够的理论启发。

规范性犯罪控制策略最为本质的特征是：只有社会中绝大多数群体认为刑法规范犯罪化某一类型的行为及其配置的相应刑罚是该行为主体所应得的，才能够在社会中获得普遍的可信赖性。基于可信赖性，刑法规范才有可能被接受为共有的行为准则。当刑法确立行为入罪的规范成为社会多数群体共有的行为准则时，其确立的犯罪化就有了正当性的基础。

机能主义刑法学认为人是生活在规范共同体当中的规范意义上的人，社会中的每个人都应当将遵守规范作为生存于社会中的基本素质。社会中个人如果破坏了其应当遵守的规范、突破了社会普遍认可的规范对其所拥有的期待可能性，那么该行为主体就有可能犯罪。因此，"刑法规范通过施加刑罚让破坏规范的人付出相应代价，并向社会一般人宣示他们遵从规范要求的价值取向是正确的。"[1]

综上所述，刑法意义上的规范性犯罪控制策略中，在对主体"意思决定"尊重的前提下，强调社会公众对刑法规范的认可，以这种认可作为犯罪控制的理论内核。此外，规范性的犯罪控制策略中，还可以加入一部分功利性的价值考量。因为"社会需要人们的规范认同才能够保障自己的有效运转……法律当局所拥有的社会资源远远不能保证单独使用威慑手段就能取得这样的效果。因此，通过一

---

[1] 参见［德］雅克布斯《刑法保护什么：法益还是规范适用》，王世洲译，《比较法研究》2004年第1期。

定的努力让人们对遵守法律产生规范性义务感是有必要的。"①

按照"规范性犯罪控制策略"的理念，只有所有的人都按照符合社会一般观念且为国家法律所认可的方式行事，侵害法益的犯罪才能够越来越少。如果对当代刑法犯罪控制策略的这种认识能够被接受，那么对刑法立法者而言，他们首先需要保证的就是立法所传递的规范意旨与民众的正义直观之间具有最大的契合度，其次则需要保证其实现规范意旨的手段，即规整方式具有合理性。此间，犯罪化正当性的依据便和刑法学理论的价值目标有了对接点。作为规范法学，"遵循规范"在刑法学的各种理论都具有作为前提性逻辑基准的意义。在犯罪控制中亦如此。刑法学所提供的犯罪控制策略在先验层面已经为我们提供了一套成熟的价值评判标准，在犯罪学层面，立基于现实对犯罪控制的实践性需要而建构的犯罪控制则呈现出另一种态势。

在犯罪学层面，犯罪控制的理论内核不再是规范性，而是包含了某种强制性。有犯罪学者这么定义犯罪控制："在犯罪行为发生后或过程中，采取的不是犯罪行为继续发生或再发生，并防止犯罪现象和数量和质量超出正常范围（或曰社会所能容忍的范围）的硬性措施手段。"② 从这一定义出发，公安机关针对违反社会治安管理规定实施的行政拘留、留置等措施，司法机关的审判活动、社会团体、公民个人的自我防卫活动均可视为犯罪控制的方法方式。消除目标犯罪行为、减少犯罪犯罪机会，提高实施犯罪行为的风险和代价等均是犯罪控制的主要目标。如果说，刑法学意义上考量犯罪控制，强调的是规范性的话，那么，犯罪学意义上的犯罪控制策略就是一种强制性的犯罪控制策略。这种犯罪控制策略强调的则是通过强制

---

① [美] 汤姆·R. 泰勒：《人们为什么遵守法律》，黄永译，中国法制出版社 2015 年版，第 107 页。

② 许章润主编：《犯罪学》（第三版），法律出版社 2015 年版，第 301 页。

性的威慑以换得人们对刑法规范的"服从"。从犯罪原因的视角出发，基于犯罪原因的揭示，国家和社会采取各种措施，致力于较少甚至消灭犯罪行为的生成。这些措施形成了犯罪控制的多种模式。从主体划分，犯罪控制可以分为官方的和民间的犯罪控制措施；从对象划分，可以分为针对个体的犯罪控制和针对社会的犯罪控制；从具体措施划分，可以分为情境犯罪控制、管理制度控制和技术犯罪控制等。

（三）犯罪预防和犯罪控制的逻辑关系

在刑法领域中，犯罪预防和犯罪控制之间并无太多的学理联系。但在犯罪学领域二者的关系则呈现密切的联系。从差异性来看，犯罪预防和犯罪控制显然不能视为等同。通过上文分析，犯罪预防和犯罪控制之间的差别是显而易见的，犯罪预防带有被动应对，处置犯罪现象，着力避免犯罪的内涵。而犯罪控制则是带有某种"事后处置"性质的措施。犯罪行为发生后，社会做出各种反应和应对，诸如侦查、逮捕、起诉等规范的处置和安装楼房电子门锁、强化对闲杂人员的管理等非规范性的应对均可以视为犯罪控制。在显而易见的区别之外，犯罪预防和犯罪控制又有着诸多相似之处。实施的主体（国家和个人）有相交之处，实施的对象是相同的，都是针对犯罪现象展开，在具体措施方面，二者的关系更为复杂，有的措施可以视为预防措施，同时也能放置于犯罪控制的体系中。总体而言，在犯罪学论域中，犯罪预防和犯罪控制之间仍然是差异性大于共同性。主要体现于以下方面。

理论基质存在差异。犯罪预防和犯罪控制都基于犯罪原因的揭示。不同的是，犯罪预防从犯罪的形成机制切入，立基于形成犯罪行为的致罪因素展开。而犯罪控制则以犯罪的发生机制为切入点，犯罪控制的措施和方法立基于引发犯罪的社会条件展开。预防针对形成原因，控制针对发生原因。形成原因具有更长久的持续性、更广阔的辐射性，因之，预防措施乃至预防理论需要更为全面和综合性的考量。

运用阶段存在差异。犯罪预防措施常在犯罪形成前展开，预防措施将犯罪阻断于孕育阶段，强调预防的提前量。而犯罪控制着力点在于已成定势或者处于临界状态的犯罪行为。时空范围上，犯罪控制和犯罪预防互有交叉。

价值目标存在差异。犯罪预防价值目标是将犯罪阻断于形成的源头，而犯罪控制追求的是遏制犯罪行为于一定的范围。从价值位阶来看，犯罪预防的价值要高于犯罪控制。

如果将犯罪预防和犯罪控制之间相同或差异的逻辑勾连放在犯罪治理位面加以考察，其意义就更为丰富。预防和控制作为治理的两个支点，彼此间的联系和区别可以更为清晰地呈现犯罪治理的实景样态，如果对预防和控制不加区别，诸如过往有学者认为的那样，用犯罪预防包容犯罪控制。如此一来，犯罪治理的内在结构就面临坍缩，逻辑自洽难以形成。我们将视野再延伸，将犯罪治理和犯罪正当性依据相联系，治理犯罪需要是犯罪圈不断扩大化的内生性动力。治理需要又可以分解在预防和控制两级。顺延此逻辑，犯罪化正当性的依据可以定位于犯罪预防和犯罪控制两个支点，从中获取有效性的因子。

二 犯罪治理理论图景

近年来，"犯罪治理"一词在学术圈被频繁使用，在一些学者看来，犯罪治理是指运用国家正式力量和社会非正式力量解决犯罪问题的诸多方式的总和，是各方针对犯罪问题采取联合行动的过程，目的在于限制、消除产生犯罪的原因、条件，以防范、控制和减少犯罪。[1]

---

[1] 参见焦俊峰《犯罪控制中的治理理论》，《国家检察官学院学报》2010年第4期。

第五章　犯罪治理：犯罪圈扩大化正当性的内生动力　155

这一定义将犯罪治理视为解决犯罪问题的综合性体系。从社会学和政治学的角度来看，治理（governance）可以理解为一系列活动，这些活动是试图促进多种集体结果的自觉尝试。毫无疑问，"治理"具有高度的开放性，难以获得具有普遍性的确切定义，治理理论也没有唯一的、万能的理论框架。但在治理理论发展演变与实践应用的过程中，一些显著的特征已逐渐呈现出来。① 治理的方式，抽象地理解，可以涵盖各种公共的或私人的就共同事务所形成的诸多方式的总和，治理的目标，也可抽象地概括为使相互冲突的不同利益者得以调和，并采取联合行动的持续性过程。而治理的手段则可以归纳为既包括依靠强制力迫使人们服从的正式制度和规则，也包括各种经人们同意的符合各方利益的非正式制度安排。

　　犯罪治理，首先要对犯罪现象作出正确的认识，掌握犯罪现象的客观情况乃是展开犯罪治理的基本前提；在正确认识犯罪现象的基础上，犯罪治理表现为主体以特定手段和方法作用于对象的实践过程；而在开展犯罪治理实践之后，我们更要去关注犯罪治理实践行动的最终效果。这种效果中，犯罪化正当性依据必然是其内在的评价标准之一。在当代社会中，谈及治理，总会带来有"政府管理"的含义。犯罪治理当然离不开政府这一重要角色。政府权力旨在建构具有选择能力与行为能力的个体，但同时又致力于使个体的选择与当局的目标保持一致。② 这是"治理"的政治学内涵。治理的犯罪现象中，政府权力是不可或缺的角色。将犯罪治理内化为犯罪正当性依据时，需要考察政府权力的运用是否妥当。

　　在我国，"治理"一词的应用折射出犯罪治理在最初就带有较强

---

　　① ［法］让-皮埃尔·戈丹（Jean-Pierre Gaudin）：《何谓治理》，钟震宇译，社会科学文献出版社2010年版，前言。
　　② ［英］特雷弗·琼斯（Trevor Jones）：《安全治理：犯罪控制的多元化、私有化与极化》，张淑芳译，《牛津犯罪学指南》，中国人民公安大学出版社2012年版，第651页。

的、由政府权力推动下的应用性。上文我们讨论刑事政策时分析了"严打"政策。"严打"政策从制定到运用可以视为一个典型的犯罪治理样本。"严打"是一种运动式的犯罪治理模式。有学者曾指出,运动式犯罪治理长期以来都是我国犯罪治理实践的基本模式。① 我国的运动式治理模式在实践中表现为由国家发起、社会各界广泛参与的群体性、综合性的犯罪治理活动,这种治理活动本质上属于蕴含社会治理、社会秩序完善意义上的专项运动。该模式在应对社会转型时期我国整体犯罪态势产生了良好的社会效果。该模式通常是在全国范围内,以大会战、专项治理、集中整治等轰轰烈烈的非常规方式展开,集中投入司法资源和社会资源,启用以法律为代表的正式社会控制手段对犯罪进行高强度、高效率、暴风骤雨式的整治。

"严打"式的犯罪治理遭到了许多批评。这些批评的背后是社会发展对犯罪治理的法治要求不断深化的直观反映。犯罪治理的体系中,政府或司法机关主导也不再是唯一选择,将犯罪现象彻底消灭不再是最高的价值追求。

第二节 犯罪治理有效性解读

一 犯罪学意义上的犯罪治理有效性内涵

(一) 规范和事实层面犯罪治理的异同

犯罪治理和犯罪圈扩大化正当性中的有效性因素相关联,是犯罪正当性逻辑体系中"为什么"层面的主要内容。在我国犯罪治理的实践中,国家主导犯罪治理的方方面面已然成为常态。负责犯罪治理的各类国家机关具有当然的、法定的权威性,本书讨论的重点

---

① 参见岳平《我国犯罪预防理论有效性的检视与发展进程》,《上海大学学报》(社科科学版) 2014 年第 6 期。

第五章 犯罪治理：犯罪圈扩大化正当性的内生动力　157

也不在于国家各有权机关加持于犯罪治理的"法定权威"，这种权威性更应该是政治学的议题。

犯罪学意义上的犯罪治理和刑法学等规范法学中的犯罪预防有着密切联系。刑法学中关于犯罪预防的理念、逻辑、价值等内容对犯罪学意义上的犯罪治理颇有启发意义，犯罪治理在刑法学和犯罪学中有不同的存在形式，二者既有联系亦有区别。

联系方面，犯罪治理体系中，法律规范确保治理路径的规范性，构筑了犯罪治理的法律底线。无论是运用刑罚措施还是设置社区预防制度，均须按照法律规定展开。

区别方面主要有两点：一是犯罪学意义上的犯罪治理从措施到对象较之刑法学意义上的犯罪治理更为广泛。犯罪学意义上的犯罪治理包括了犯罪预防、犯罪控制等多种措施的运用。预防措施从社区矫正到情景犯罪预防、研究方法从田野调查到循证犯罪预防研究。而刑法学意义上的犯罪治理主要通过法定的刑罚措施和行刑方式来实现预防犯罪的目的，措施较为单一。

二是切入社会治理的方式不同。在本书第一章的论述中，我们分析了规范法学关于晚近刑事修法不断扩大犯罪认定的种种争议，这些争议的一个核心就是刑法应否以积极态势介入社会治理。可以看到，持否定意见的学者主要是站在刑法学的传统立场，认为刑法应对社会治理保持消极、被动的态度，不宜积极介入。而持肯定态度的学者则认为，应对转型期中国社会治理犯罪之需，刑法应通过转变法益观点等方式积极介入社会综合治理体系。从否定和肯定的态度中，我们可以看到刑法学介入犯罪治理的纠结与犹豫。无论是一般预防还是特殊预防都在某种程度上呈现出被动性。与之不同的是，犯罪学所理解的犯罪治理是一种呈现积极介入态势的社会治理方式，尤其是犯罪控制。不同于刑法学的规范性的犯罪控制策略，犯罪学研究对犯罪条件的揭示和把控，提出正当性的控制措施，从宏观和微观主动介入，将犯罪的条件消弭于产生过程中。

从犯罪是一种社会现象的认知出发，犯罪学意义上的犯罪治理总体上呈现出主动出击的态势。从犯罪圈扩大化寻求正当性的理论诉求来看，犯罪学所提供的关于犯罪治理的认知逻辑具有一个明显的优势。

在犯罪与刑法两大主题中，犯罪处于逻辑链的前端，刑罚处于后端。犯罪化一个行为后，才有针对该行为运用刑罚的可能性。从逻辑顺序上看，如果犯罪化不具备充足的正当性依据，那么随后的刑罚措施无论如何都难以获得正当性的评价。而刑罚措施的运用又是刑法介入犯罪治理的唯一路径。这意味着，在刑法学的犯罪治理框架内，犯罪化无法充分获得正当性的依据，相反，刑罚目的能否实现还需要依赖于逻辑顺序在前的犯罪化。

在犯罪学视域中的犯罪治理则不会出现上述问题。犯罪学意义上的犯罪治理属于社会综合治理的一部分。既关注已然之罪，也考察未然之罪。针对犯罪发生的原因、条件及规律展开实证性研究，最终提出治理的对策、措施。这些对策介入的时空范围非常广泛。在犯罪生成前、犯罪生成中、犯罪生成后均可以适时切入，提供治理犯罪的各种方案。这样，在犯罪圈动态变化的全过程中均可围绕犯罪治理寻求正当性依据。

（二）犯罪学意义上犯罪治理有效性的核心理念

规范意义上的犯罪治理通过刑罚措施的运用，依附于国家刑罚权，具有天然的权威性。虽然刑事古典学派强调人的意志自由，并由此推导出犯罪预防的权威和有限应建立在刑罚是犯罪人应得的理念之上，但国家治理权力所蕴含的"必须服从"的理念仍然是不可否认的。由此产生的问题是，如果犯罪化缺乏正当性，而刑罚措施又必须服从，那么犯罪治理就会失去支撑犯罪化正当性的功能。

这个问题将消弭于犯罪学意义上的犯罪治理体系中。犯罪学意义上犯罪治理以"自愿服从"为核心理念。通过实证研究找到社会中的各种致罪因素，有针对性提出多方位的治理措施，使得社会公众自愿接受治理措施。从治理权力"必须服从"的权威性到多方位治理措施的"自愿服从"的合理性塑造了犯罪圈扩大化正当性的有效性特征。社会治安明显好转、社会紧张关系得以缓解，这些"硬指标"都能作为犯罪治理有效性的标准，也可以成为犯罪圈扩大化正当性的依据。在犯罪治理展开的进路中，一部分犯罪圈限缩了、一部分犯罪圈扩大化了，限缩和扩大都可以立基于犯罪治理提供的有效性因子而获得正当性。

二 犯罪治理有效性的建构路径

乔治·比卡强调犯罪学要提供一份对认识现实中的犯罪现象不可缺少的"阅读图表"。[①] 这种阅读图表强调理论供给的可视性。犯罪治理的有效性的特质需要的正是犯罪学关于犯罪治理有效性的事实意义上的知识产品。犯罪治理在事实意义上的有效性可从三个方面进行建构。

首先，治理主体多元化，社会力量和资源广泛参与。当代社会法治发展的一大成果便是刑事法制的运作必须由国家主导。诸如刑事政策、刑法规范等均由国家制定并实施，有学者指出"制定出刑事政策这一公共产品的基本资源也只有国家才能有效地加以调动和支配。"[②] 可见，犯罪治理从治理对象的选择到治理工具的运用都具有国家主导性的特征。当然，这种主导性是法治昌明的结果，具有历史的合理性。另外，国家主导犯罪治理不等于社会力量就没有参

[①] ［法］乔治·比卡：《犯罪学的思考与展望》，王立宪等译，中国人民公安大学出版社1992年版，第21页。

[②] 参见卢建平、莫晓宇《刑事政策体系中的民间社会与官方（国家）——一种基于治理理论的场域界分考察》，《法律科学》2006年第5期。

与空间。社会高速发展改变了犯罪治理的主体机构。如果说，刑罚权作为犯罪治理手段专属于国家的话，那么非刑罚的犯罪治理措施则可以容纳更多社会力量介入。犯罪学意义上的犯罪治理理念坚持"开放、多元及相互合作"的基本立场①，社区矫正机构、保安公司等社会组织已经具备参与犯罪治理的能力。转型期中国社会犯罪态势日益复杂，各种致罪因素相互交织、犯罪圈已然扩大。犯罪治理应根据治理对象的变化而变化，当下的社会现实中，多元化治理的主体才能够应对犯罪的发展态势。通过不断引入、引导社会力量参与犯罪治理，可以实现资源整合，弥补国家作为单一治理主体的不足，也能够提供更丰富的犯罪圈扩大化正当性的有效性因子。

其次，重构犯罪治理的对象。传统刑事法制治理犯罪往往局限于运用刑罚措施一途，尽管古典和实证刑事法学派有关于刑罚是处罚犯罪人还是犯罪行为的争议，但现实中，刑罚措施只能基于犯罪行为的认定而具体作用于犯罪人身上。当代犯罪学的研究表明，社会急速发展带来的社会结构的变化使得众多的社会现实变成了致罪因素，收入不平等、失业率提高、城乡结构变迁等问题在特定历史时期有可能成为某一类犯罪的直接原因。有学者经过实证研究发现，"刑事司法中的财政支出的增加并不具有明显的犯罪治理效应，反而是社会福利支出的增加带来了更为显著的犯罪治理效果"②。社会福利支出的范围是十分广泛的，包括犯罪人矫正、被害人救助、促使犯罪人回归社会的恢复性司法制度运作等。由此可见，犯罪治理既要"治人"，也不能忽视"救人"的目标。我们不仅要考虑治理犯罪人，还要考虑治理犯罪人生成的"土壤"。治理犯罪土壤需要依犯罪学研究范式下重构犯罪对象来实现。治理措施针对的对象不再局

---

① 毛寿龙：《现代治道与治道变革》，《江苏行政学院学报》2003 年第 2 期。
② 参见陈刚、李树、陈屹立《"大棒"还是"胡萝"：中国犯罪治理的财政支出偏向选择》，《南开经济研究》2010 年第 2 期。

第五章 犯罪治理：犯罪圈扩大化正当性的内生动力

限于犯罪人，还应包括可能致罪的各种社会问题，通过消除一切可能的致罪因素来实现真正的犯罪治理。

最后，突出司法层面的犯罪治理措施。我国国家主导的犯罪治理中刑事司法模式与行政处罚模式同时并存，而且行政处罚模式占据着更大的适用空间。[1] 我国犯罪治理的传统做法中，行政性措施运用得更为广泛，在司法程序认定犯罪之外，还有大量的行政处罚用于治理犯罪。虽然说行政手段有快捷便利的优势，但其负面效果也十分巨大。从治理有效性的需求看，一次糟糕的治理有时比没有治理的社会效果更坏。权衡利弊，我们应当突出犯罪治理的司法模式，即便是犯罪学提供了大量的非司法性治理措施，最终也要围绕司法机关犯罪认定展开。有学者曾建议："将行政处罚中的社会越轨行为转化为微罪进而纳入到刑事司法模式，最终保障犯罪治理中的程序正义。"[2] 这一建议无疑是具有合理性的。

---

[1] 卢建平：《刑事政治与刑事法治随想》，赵秉志主编《当代刑事法学新思潮》，北京大学出版社2013年版，第1790—1794页。

[2] 参见储槐植《解构轻刑罪案，推出"微罪"概念》，《检察日报》2011年10月13日第3版。

第六章
建构犯罪圈扩大化正当性的犯罪学路径

在上文的章节中,我们分析了犯罪圈扩大化正当性所需要的知识板块。犯罪及犯罪化这种社会现象作为规范法学和犯罪学共同的研究对象,在正当性议题上,两个学科所提供的知识内容有不少交织的地方。学科和学科的区别不仅仅在于研究对象上,更重要的是研究方法和价值取向上的不同。不同学科范式的差异在方法论和学科价值方面均有体现。

"范式是用来指导一定范围内调查研究的一组经过明确阐述的概念和命题。范式还为研究者提供了分析和处理问题的世界观和方法论。"① 犯罪学的专业槽的建立、学科范式的独特性更多需要依靠其独特的研究方法。面对相同的研究对象和研究主体,犯罪学除了通过科学的探索,提供足够的知识用于解答犯罪圈扩大化正当性建构所面临的各种问题外,还需要以其独特的方法论作为中轴线串联起各个知识板块,并在成熟的知识体系上建立起自身的学科价值。

在建构犯罪圈扩大化正当性的路径中,犯罪学将在方法论层面提供探寻更接近"真实"犯罪的方法。故意杀人不再仅仅是"故意非法剥夺他人生命的行为",而是需要更多的科学参数予以描述。例

---

① 李强、邓建伟、晓筝:《社会变迁与个人发展:生命历程研究的范式与方法》,《社会学研究》1999年第6期。

如，特定时间段内故意杀人罪的原因、动机（不仅仅是刑法意义上的"故意"）、杀人常用手法、被害人的特征等参数使我们判断犯罪圈有了更科学的方法。研究犯罪是为了预防犯罪，只有科学认识犯罪这种社会现象我们才能合理管控犯罪。

同时，犯罪学还可以为犯罪圈扩大化提供一种多样化的价值目标。正当性本身既是一种价值判断，也是一种价值选择。价值判断方面，符合正当性要求的犯罪圈扩大化才能获得社会公众的接受，这意味着在立法者、研究者的价值标准外，我们还要考虑社会整体的价值诉求，尤其是可能进入犯罪圈的人。价值选择方面，在什么领域、针对什么行为、以什么方式设置犯罪圈需要特定的价值选择。现实社会中，犯罪圈扩大了必然会带来不同社会群体之间的价值冲突。犯罪学将在不同的价值冲突中提取最大公约数，形成一个能够为社会群体普遍接受的正当性基础。

第一节 犯罪圈扩大化正当性建构的犯罪学方法论

一 犯罪学方法论的一般特征

犯罪学在其不算悠久但变化万千的学科发展史中积累了不少研究方法，虽然本质是一门综合性的社会科学，但其研究犯罪的方法从自然科学跨度到社会科学——地理学、统计学、生物学、心理学、数学、社会学、哲学等不同学科都曾经或者说有可能成为研究犯罪的方法。我们不可能也没必要去提出一个能够囊括所有研究犯罪方法论特征的概念。我们把犯罪及犯罪化视为一种社会现象，研究犯罪的方法可以从社会学的视角展开。

迪尔凯姆说"把社会事实作为一种物来考察",[①] 并以此为其基本的方法论的方案,将犯罪以一种有别于形而上学的方式展开研究。迪尔凯姆的研究工作给了我们很多启发,当犯罪圈扩大为社会公众逐渐认知的时候,将我国犯罪圈扩大化趋势作为一种"物"来考察已然具备了足够的条件。在犯罪学的理论范畴内,学科积累的知识体系能为犯罪圈扩大化的正当性原则提供依据,需要的正是一套犯罪学社会学意义上的方法论工具。

立基于犯罪及犯罪是一种社会现象的认知,建构犯罪圈扩大化正当性的犯罪学方法论有三个特征:社会性、实证性和可证伪性。

社会性方面,犯罪圈是一种客观存在的社会现象,关于认知这种现象的犯罪学知识来源于社会且能回归于社会。认知犯罪圈的逻辑进路可简单概括为:①行为—司法认定—犯罪行为;②立法确认—行为—司法认定—犯罪行为;③行为—立法确认—司法认定—犯罪行为—行为;这三种逻辑进路中,第一种逻辑可从社会公众的"直觉正义"中概括出来,公众对于行为的"犯罪性"几乎全通过公安机关、检察机关或人民法院的司法活动中生成。第二种认知的逻辑进路则可从规范法学的研究中找到,围绕立法活动设定的犯罪类型展开,其切入点在于"规范违反"和"适用规范",着重分析"法定化"后的犯罪行为。第三种逻辑进路以犯罪学所提供的知识为展开的基础,从社会中具体的"行为"出发作为研究起点,最后回归于社会中的行为,在此过程中犯罪学能提供的知识集群可以包括但不限于:犯罪发生的社会原因、犯罪心理学意义上的犯罪原因、基于社会综合治理的犯罪预防措施、刑事政策的构建、体现被害人利益关切的恢复性司法制度等。这些知识集群共同构造了将犯罪圈作为一种社会现象来认知的学科范式,亦即犯罪学的范式。犯罪学

---

① [法]迪尔凯姆:《社会学方法的准则》,狄玉明译,商务印书馆2013年版,第35页。

关于犯罪圈扩大化正当性的各种方法论有社会性，所提供的是一种社会学领域知识体系。

实证性方面，实证研究作为一种研究方法，社会科学领域中早已有多种学科加以运用，不同学科对实证研究方法的理解颇为不同。犯罪学的研究中逻辑研究的技术特征和其他学科有着明显的不同。有学者归纳了犯罪学所采用的实证研究方法应具有的技术特征——规范性、结构性和理论性。[①] 这一归纳较为全面地描绘了犯罪学意义上的实证研究论的基本特征。立基于犯罪化正当性目的要求，犯罪学对犯罪圈扩大化的实证研究不能仅限于经验事实的积累，需要一套抽象的理论体系予以描述所研究对象甚至研究者所经验过的事实，这是规范性和理论性的需求，犯罪学把犯罪圈放置于学科体系中加以研究时，犯罪圈的定义、犯罪圈扩大的原因、犯罪圈扩大化的现象，应当分属于不同的理论层级，并配备于相应的理论，这是结构性和理论性的要求。其中，规范性是犯罪学实证研究方法中的核心属性，强调学科的研究不能仅是观念上的碰撞、价值取舍中的抉择或形而上的思辨。研究方法应建立在共同遵循的规则之上。在共同遵循的研究规则下，研究的结果必须明确运用层面，例如，通过对某一犯罪行为圈的微观观察，统计和分析所得的结论仅用于分析该犯罪行为圈，而不应当然地推而广之。犯罪学展开犯罪圈诸问题的分析应当是建立在共同的研究规则上，这是保证研究结论科学准确的基础。犯罪学的实证研究的结构性强调研究方法应包含不同层级理论要素，不应大而化之寻求某种绝对一般化的理论构架。理论性则强调犯罪学的研究中需要对研究对象做归纳、演绎、证伪的理论构建工作。犯罪学对犯罪圈扩大化的研究绝不局限于犯罪统计数据、某些个案的特征分析，而是通过对犯罪圈具体问题的研究树立起不

[①] 参见王志强《论中国当代犯罪学的实证研究及其科学实证逻辑》，《中国人民公安大学学报》2012年第4期。

同层级的理论框架。或运用犯罪行为圈扩大原因的解读，或运用犯罪人圈确立方案的提供。

可证伪性方面，在犯罪学寻求犯罪圈扩大化正当性依据的进程中，可证伪性是犯罪学方法论科学属性最典型的体现，是犯罪学各种研究方法的共性。犯罪圈扩大化的知识图谱中，可证伪性起到了判断犯罪学理论是否符合"科学"的基础性作用。强调可证伪性的意义在于提供一种有别于传统犯罪圈研究中缺乏科学标准而囿于思辨性讨论的理论困境。卡尔·波普尔（Karl Popper）认为，"经验的科学的系统必须有可能被经验所反驳"①。凡是不能被证伪的问题，诸如本体论、形而上学、宗教等问题均不是科学问题。基于犯罪化正当性问题展开的犯罪圈扩大化研究中，科学性的要求需要一个逻辑上的共同遵守的标准，我们讨论可证伪性不是延续其学术历史上的各种争议问题，而是将其作为犯罪学方法论的科学性的准则引入犯罪圈诸问题的分析和研究。

二 犯罪学视域下犯罪圈扩大化正当性的方法论基础

明确了犯罪学方法论的三种特征后，我们还要进一步分析犯罪学研究犯罪圈扩大化具体的操作办法，我们可以概括出三种研究方法用于寻找犯罪圈扩大化正当性的依据。

一是建立合理的变量的等级。上文分析犯罪原因时，我们已经指出，犯罪是一定社会条件下多种因素共同作用的结果。各种致罪因素与最终的犯罪结果之间的关系各不相同，或者表现为密切相关，或者表现为疏离对立；在特定时间段内有的因素起到关键作用，有的则起到辅助作用。面对纷繁复杂的原因，犯罪学可以通过建立合理的变量等级作为研究工具。在犯罪学的变量等级中，一般将犯罪

---

① ［英］K. R. 波珀：《科学发现的逻辑》，查汝强、邱仁宗译，科学出版社1986年版，第15页。

视为因变量，促成犯罪的各种因素可以分为自变量和中间变量。三个变量中，自变量和因变量之间是间接联系，中间变量和因变量之间是直接联系。

建立合理的变量等级最为重要的是在三个变量之间建构科学的因果关系标准。这种因果关系不同于刑法学上的因果关系，其科学性建立在可实证检验的标准之上。主要有三个标准：一是作为因变量的犯罪和自变量之间联系至少应当具备统计学上的关联才能够视为以后间接联系。例如，在犯罪统计中，我们得出家庭关系和睦的青少年犯罪率为20%，家庭关系紧张甚至有家暴现象的青少年犯罪率为40%，那么，家庭关系这个自变量和青少年犯罪这个因变量就具有统计学意义上的因果关系。统计学意义上的因果关系不需要具备"全有或全无"的情形——也就是说，这种关联可以有程度和统计数值上的差异。第二个标准是合理选择作为变量的对象。作为自变量的对象必须发生在作为因变量的对象之前。例如，上文所举的家庭关系和青少年犯罪之间的关系，如果青少年犯罪发生在家庭关系破坏之前，或者说青少年犯罪恰恰是家庭关系紧张的根源，那么二者就不具备统计学意义上的因果关系。第三个标准是各个变量之间的关联不是虚假的。如果我们不加分辨，则很难在犯罪和各种因素间建立科学的因果关系。例如，如果我们单纯统计"喜欢听摇滚"和"有暴力犯罪行为的人"两个变量，会发现在一定范围内，喜欢听摇滚的人同时也是有暴力犯罪行为的人。但显而易见，这两个变量之间因果联系并不真实。因为我们在更大的范围内发现有暴力犯罪行为的人多数都不爱听摇滚。

在为犯罪圈扩大化正当性寻找关于犯罪原因的知识、寻找是否有利于减少被害人的犯罪化方案、寻找有效的刑事政策时，我们都可以通过建立合理的变量等级完成这些任务。

二是建立研究犯罪圈扩大化的分析轴。所谓分析轴，是指为研究特定主体所提供的，用于分析的主线以及主轴线上的各种关键点。分析轴广泛运用于各种学科的研究。如果以分析轴作为方法论来考察刑法学的学科范式的话，一些常见的议题，诸如犯罪论和刑罚论、结果无价值和行为无价值等均可构成刑法学分析轴上的关键点。从犯罪圈的概念展开，犯罪学研究的分析轴既有宏观层面的关键点，亦有微观层面的主要内容。宏观层面，我们可以将犯罪现象及类型、犯罪率及犯罪黑数以及更广阔范围内的如社会结构的变迁、主流意识和价值观、社会分层的进程和制度规范性建构缺失等内容作为分析轴的关键点。① 微观层面，我们可以聚焦于犯罪人、家庭、社区、人格、生命历程等内容。通过合理设置考察的关键点，犯罪圈扩大化的各种因素均可包含在分析轴内。犯罪圈扩大化正当性依据可以通过分析轴呈现出全面景象。

三是将经验与思辨相结合。从本质上讲，犯罪学属于社会学，而社会学是经验科学的一个重要分支。犯罪学研究的主题是作为一种社会现象的犯罪的发生原因及其规律。在犯罪学的研究中，进行实证性的调查以准确客观描述经验事实是犯罪学研究一般命题的必备的环节。然而，即使如此，在犯罪学研究中也不能否认理性思辨的重要作用。

思辨之于犯罪学研究和经验一样十分重要。有社会学家认为，"理论既产生于对'真实世界'进行科学研究之前的非事实或非经验性思考过程，也可以产生于这个'真实世界'的结构……这些东西既（理论成果）建立在科学工作者本人的想象力之上，也建立在外部的现实本身之上。"② 在犯罪圈扩大化正当性依据所需要的各个知识板块中，经验和思辨是相辅相成的方法论工具。一个知识点是

---

① 张小虎：《犯罪学的研究范式》，《法学研究》2001年第5期。
② [美]杰弗里·亚历山大：《社会学二十讲——二战以来的理论发展》，贾春增等译，华夏出版社2000年版，第5页。

否可以纳入犯罪原因的知识体系中，作为犯罪原因的知识体系，哪些可以成为犯罪圈扩大化正当性的依据以及如何成为等问题均需要经验和思辨的方法相结合才能得出合理的回答。没有思辨的指引，单纯的经验分析只能得出零散的事实材料，难以成为体系化的知识；没有经验做基础，纯粹的思辨会成为无源之水，难以回应现实中各种问题的理论诉求。

第二节　犯罪圈扩大化正当性建构的犯罪学价值论

犯罪学的研究视域大于规范法学，为犯罪圈扩大化提供的正当性依据更为多样化。从价值论的角度看，构成犯罪圈扩大化正当性的价值体系应该是立体的、多维的，有时甚至是矛盾的。例如，刑法学界坚持缩小犯罪圈的价值取向往往聚焦于加害人，其结论未必符合被害人的利益和诉求。但如果仅从被害人的视角看待犯罪圈，类似轻罪重罚、同态复仇等现象又会泛滥。在一个拥有亿万资产的醉驾者看来，醉酒状态驾驶最好是以罚款处理，即使罚款金额很大也可接受。但潜在被害人不会这么认为。那么，犯罪圈是否扩大应站在哪一方呢？从犯罪学角度看，加害人和被害人均应纳入探寻犯罪圈扩大化正当性依据的考量，不可偏执一端。更进一步看，犯罪学还从一个犯罪治理的视角考察醉酒驾驶的犯罪圈问题。这样的研究视域可为犯罪圈扩大化的正当性基础提供更为丰富的价值选择。

从犯罪学视角出发考察犯罪圈扩大化正当性依据，要基于犯罪学自身的学科价值。犯罪学是研究犯罪这种社会现象的学科，通过对犯罪的研究，提供相应的公共政策，发挥刑事立法和司法的指导作用，科学地应对和解决特定的犯罪问题。犯罪学所研究的主要课题包括但不限于犯罪的类型和方式、犯罪发生的原因和规律、预防和治理犯罪的对策等。犯罪学为犯罪圈扩大化提供的价值依据就围绕着学科内容展开。概括而言，犯罪圈扩大化正当性的犯罪学价值取向可以分为两大类：一类是关于犯罪原因，一类是关于犯罪治理。

一　犯罪圈扩大化正当性基础中的犯罪原因价值

从犯罪原因的视角看，犯罪圈扩大化正当性有两个价值支柱，一个是犯罪圈扩大化本身有足够的前置条件，犯罪原因既是事实层面犯罪发生的原因，也是规范层面犯罪圈扩大化的原因，有足够的原因，才有犯罪圈扩大化的正当性基础。某个领域的犯罪圈扩大应当有一个不得不犯罪化的原因，否则这种扩大化缺乏足够的正当性。另一个是作为检视规范层面犯罪圈扩大化正当性的判断标准。犯罪圈扩大应当能消除事实层的犯罪原因。我们把一个行为纳入犯罪圈意味着国家宣示了对这类行为的否定性评价，社会公众知晓国家的态度后，应及时调整行为，防止被纳入犯罪圈，事实层面相关的犯罪原因得以消解。如果国家已经宣示了某类行为是犯罪，但这类行为在实践中依然存在，社会公众不愿意接受国家宣示犯罪的行为。那么，这种犯罪圈扩大化的正当性基础就缺乏一个必要的支撑。

第一个价值支柱中，犯罪圈应当具备充分的理由才能扩大。过往规范法学研究一个犯罪行为，是从这个行为进入到刑法规范后才开始的。如果没有刑事立法工作，一个事实层面具备社会危害性的行为是不会进入规范法学的研究视野的。例如，2015年以前的帮助信息网络犯罪活动的行为不是犯罪，2015年以后成为了犯罪，相同行为因刑事立法的进程而有了不同的属性。但一个行为的社会危害性并不以是否被刑法所承认为标准。一般而言，大众认知中应当作为犯罪处理的大多数行为都已经被刑法所确认，但仍然会有一些行为不在刑法规范的视域中。这些行为在社会公众的认知中，危害性并不亚于已经构成犯罪的行为。

例如，2021年3月，《刑法修正案（十一）》新设的冒名顶替罪。这一罪名对应的行为在2021年以前就存在了，所造成的社会危害也早已发生，社会公众对此是有明确认知的。刑法修正新增冒名顶替罪扩大犯罪圈的操作在规范法学层面总会带来很多争议，无论是肯定还是否定，争议焦点总是在于国家刑罚权是否不当扩张、公民的个人自由空间是否受到限缩等，却不怎么关注作为冒名顶替行为的被害人的意见，更不在意社会公众是否真的觉得盗用、冒用他人身份，顶替他人取得的高等学历教育入学资格、公务员录用资格、就业安置待遇等行为入罪会对其合法权益造成负面影响。过往刑法学界对于犯罪圈扩大化的研究总会替社会公众讲话，默认社会公众在国家刑事修法进程中是失语的。

我们要问的是：社会公众面对刑事修法失语了吗？或者说，刑法学家们提供的价值体系真的是社会公众所需的吗？也许因为刑法学专业槽的存在，社会公众不具备系统的刑法学知识，不能够科学地评价刑事立法活动。但对一些具有社会危害性行为的认知，并不一定需要特别系统的刑法知识。换个角度看，对于特别专业的金融学知识，法学家们也知之甚少，涉及金融犯罪立法时也需要专业的金融人员提供相关知识产品。但这并不妨碍刑法学家对具有社会危害性的金融行为进行定罪。

当我们将视角聚焦在真实发生的犯罪行为，聚焦在社会公众的价值取向上，我们可以为犯罪圈扩大化找到有别于规范法学提供的答案。犯罪圈扩大的基本逻辑是：现实有一个具有社会危害性的行为，且人们在价值判断上认为这种行为是社会危害性行为，应当入罪；国家通过刑事立法将这种行为认定为犯罪；刑事司法活动将这种行为按犯罪予以治理。在这个逻辑链中，"现实有一个具有社会危害性的行为"和"人们在价值判断上认为这种行为是社会危害性行为，应当入罪"这两个环节中，蕴含着犯罪学要探索的犯罪原因。这种原因为犯罪圈扩大化的正当性提供了价值支柱。

犯罪圈扩大化需要充分的原因。犯罪学视角中的犯罪原因在于具有社会危害性的行为为什么会发生以及这类行为发生后人们为什么将这些行为视为犯罪两个维度。犯罪学将研究资源集中于探索和拆解犯罪原因。在第一个维度中，犯罪学研究将给出具有社会危害性的行为发生的社会原因、个人原因或自然原因，提供包括犯罪心理学、被害人学、犯罪人类学、犯罪社会学等不同领域的知识产品。提供一个犯罪发生的"真正"原因，解构犯罪原因。由此给犯罪圈在事实层面扩大化一个合理的解读。第二个维度中，犯罪学将站在社会公众的视角，深入研究社会公众判断犯罪行为的价值取向，回答为什么一个行为在人们心目中比另一个行为"更像"犯罪。

我们可以从"投机倒把罪"的发展来看犯罪学为犯罪圈扩大化所提供的价值基础。1979年刑法将买空卖空等行为规定为投机倒把罪时，社会公众也认为投机倒把具有一定的社会危害性，社会对此的接受度是合理的。随着改革开放的深化，具有中国特色社会主义市场经济体制逐渐成熟，人们对各类市场行为有了不一样的认识，社会整体的价值观发生了变化，被规定为"投机倒把"的行为所具有的社会危害性是否还是刑法所不容许的风险就值得商榷了。1997年新的刑法典颁布生效，投机倒把罪被取消了，人们也认为这一做法是合理的。过往被视为犯罪的行为现在已经合法化了。这种合法化具有现实的合理性和符合社会公众价值取向基础，意即过去那些在计划经济制度下具有社会危害性的行为在成熟的市场经济体制下有了新的生命力，有些行为不但没有了社会危害性，甚至还对社会经济发展有积极作用。

犯罪学的研究要聚焦于"投机倒把"行为的具体样态，提炼出那些对社会没有危险性或者有正面效果的行为，同时关注社会的实际发展以及人们价值观的变化,由此对曾经的投机倒把罪所包含的各类行为做出区分,回答哪些行为留在犯罪圈,哪些行为应当移出犯罪圈,哪些行为可归入已有罪名,哪些行为应当设立新的罪名等问题。在投机倒把罪的设定中,计划经济和市场经济的路线之争所带来的影响是一个重要因素。在我们改革开放取得巨大成效,现代化建设稳步发展时,计划经济和市场经济之争已然有了答案。这时,投机倒把罪的犯罪圈就需要匹配社会的发展而进行修正。1997年刑法废除了投机倒把罪,但诸如"组织投机集团,内外勾结,走私行贿,盗卖国家资财"之类的投机倒把行为并没有因罪名的取消而失去社会危害性,也没有因此得到社会公众的认可。这些行为我们后来以其他罪名予以规制,在其他领域中扩大了犯罪圈。

第二个价值支柱中,犯罪原因可以作为检视规范层面犯罪圈扩大正当性的标准。规范层面,具有正当性的犯罪圈扩大化举措必须能够消除或限缩现实中的犯罪原因。众所周知,刑法具有一般预防和特殊预防的功能,当一个行为被国家宣示为犯罪后,事实层面潜在犯罪因素得以消除,这时我们得出犯罪圈扩大化具有正当性。

我们以组织考试作弊罪为例进行说明。在《刑法修正案(九)》颁布实施以前,组织考试作弊行为不是犯罪,即使被发现,也只能对相关人员做出行政处罚。当行政处罚所带来的犯罪成本小于组织考试作弊的犯罪收益时,我们就不能在现实层面制约此类行为。当组织考试作弊罪入刑后,不仅是组织考试作弊的主体的犯罪成本会增加,考试的组织者、应试者等不同主体也会提高预防组织考试作弊犯罪的成本。考试组织者会加大力度,预防在其组织的考试中发生犯罪行为。应试者也会进行权衡,是否要参加一个犯罪行为。这样一来,虽然规范层面犯罪圈扩大了,但事实层面的犯罪原因在逐渐消解,相关犯罪行为在减少,犯罪圈实质地缩小了。

犯罪圈扩大必须要精准地定位犯罪原因。我们扩大一个犯罪圈,不仅仅是为了打击某类犯罪，还要通过现象把握犯罪发生的实质原因，这样才能筑牢犯罪圈扩大化的正当性基础。

近年来，我们国家进行的"扫黑除恶"专项斗争不仅仅是为了打击黑恶势力，还将惩治范围扩及到黑恶势力的保护伞，由以前的"打黑"变为现在的"扫黑"。从专项斗争积累的经验看，涉黑涉恶犯罪发生原因是复杂的，我们不能只看到黑恶势力的表层犯罪行为，背后的公权力滥用、钱权交易、权力寻租等行为也是黑恶势力犯罪发生的主要原因。打击黑恶势力的犯罪圈需要扩及到职务犯罪等领域，形成治理合力。从实践效果看，"扫黑除恶"专项斗争取得了巨大成就。

概言之，我们应当将事实层面的犯罪原因作为规范层面犯罪圈扩大化正当性的价值基础。犯罪学关于犯罪原因的研究成果应当运用于这个过程中，检视每一次规范层面犯罪圈扩大化是否能真正意义上消解现实中的犯罪原因。

综上所述，犯罪学的研究将为犯罪圈扩大化提供合理的价值基底。犯罪圈扩大建立在明晰犯罪原因的基础之上，一个行为入罪要有客观真实的原因，且这种原因足以让人们接受这个行为成为犯罪。同时，立法者在规范层面要扩大犯罪圈时，应结合犯罪学的研究成果，审视这种扩大行为能否消除现实中的犯罪原因。这是犯罪原因维度为犯罪圈扩大化正当性提供的价值支撑。

二 犯罪圈扩大化正当性基础中的犯罪治理价值

犯罪治理一直是犯罪学的研究对象。不同于规范法学将研究重心放在刑法理论和刑法体系的精致建构上，犯罪学更注重如何在实践中实现治理犯罪的良好效果。在社会实践中治理犯罪，仅仅依靠一部刑事法规是无法取得理想的治理效果的，更需要社会综合治理能力的全面提升。

犯罪圈扩大化如果能有利于犯罪治理，那么这样的犯罪圈扩大化就是具有正当性基础的。也许有人会说，犯罪圈都扩大了，怎么还能视为有利于提高犯罪治理能力和治理效果呢？

我们认为，犯罪圈扩大化分为规范和事实两个层面。规范层面的犯罪圈扩大化和事实层面的犯罪圈扩大化并不成正比。规范层面犯罪圈扩大不代表现实中的犯罪圈也在增长，反之亦然。犯罪学研究的重点是事实层面的犯罪圈，犯罪圈治理的效果体现于事实层面犯罪圈的合理变化。例如，刑法中抢劫罪的规定没有变化，但近年来事实层面的抢劫罪却大幅度下降了。这时我们当然可以认为抢劫罪的犯罪治理取得了实效。

所以，犯罪圈扩大化的正当性可以通过事实意义上的犯罪治理效果体现。如果一个行为具有社会危害性，立法者将其规定为犯罪，国家刑罚权可以介入此类行为的治理，在实践中有效减少了这类行为的发生，保护了社会公众的利益，那么这样的犯罪圈扩大化就具有正当性。

犯罪治理是一个系统性社会综合管理工作。任何国家都要积极治理犯罪，但不是所有国家都能取得良好的效果。在我们积极探索犯罪治理体系和治理能力现代化的进程中，犯罪学可以提供更为丰富的理论产品，摆脱以往规范法学研究领域过于狭窄的缺陷。

受德日等域外法治先发国家的影响，我们习惯于将犯罪治理的焦点放在犯罪和规范两个维度。刑法学有犯罪的构成要件理论，无论是四要件说还是阶层论，都是围绕实施犯罪行为的人和其实施的犯罪行为展开的，诸如社会发展的客观条件、个人具体的心理、生理状态、被害人在犯罪互动中的作用和致罪因素、刑事政策对特定犯罪行为的现实影响等均不是刑法学关注的焦点。刑法教义学所提供的犯罪治理方式因所依托的实践参数较少而不够全面，不能应对各类犯罪行为。

我们以正当防卫为例进行说明。正当防卫的一个核心理念是"法无须向不法让步"。可具体而言，什么情况下是"法"，什么情况下是"不法"呢？这就需要结合千千万万个具体案例来分析研究，提炼出共性问题，总结出普遍性规律才能明确回答。一个强壮的成年男性和一个瘦弱的年轻女性面对一个老年人的持刀抢劫奋起反击，将抢劫者打死，二者是否都能适用正当防卫呢？正当防卫案件的司法裁判中常出现的"圣人标准论""事后诸葛论""对等武装论""唯结果论"等匪夷所思的判决标准，① 恰恰是正当防卫的研究缺乏实践立场的结果。

正当防卫的合理适用是犯罪治理中的重要内容，近年来引发社会热议的"辱母杀人案""昆山龙哥案""唐雪案"等案件中所呈现的社会公众的价值观以及对犯罪治理的诉求在刑法学的研究中是缺失的。我们不能一味地等热点案件发生后才去研究，而是要敏锐地捕捉社会实践中犯罪治理的有效抓手，研究提前、治理提前。

在犯罪圈扩大化和犯罪治理之间，犯罪学可以形成二者有效连接。具言之，犯罪学可以提供评价犯罪治理效果优劣的实践参数，明确现实意义上的犯罪治理效果。规范法学否定犯罪圈扩大化的常见逻辑是认为国家刑罚权过度扩张，有滥用的风险。但在犯罪学视角看来，国家扩大了犯罪圈，扩张了刑罚权的适用空间不一定就是错误的选择，如果扩大犯罪圈能带来犯罪治理效果的提升，我们就应当坚持扩大犯罪圈的举措。什么是良好的犯罪治理效果呢？在犯罪学视角看来，以合理的治理成本减少犯罪数量就是良好的犯罪治理效果。

治理成本方面，在犯罪治理成本的计算中，不仅仅考虑犯罪主体的保护（这是近代以来刑法学研究犯罪论的核心），还要综合考虑

---

① 梁根林：《防卫过当不法判断的立场、标准与逻辑》，《法学》2019年第2期。

社会、加害人、被害人、关联第三方甚至自然环境的相关因素。被告人和被害人在犯罪治理中应平等对待，经济成本和社会成本不可偏废。犯罪治理成本应有合理的、具象的呈现，而不仅仅是治理立场的选择。过往刑法学认为的罪刑法定原则决定了在刑事法制中要优先保护被告人利益的观点[①]在犯罪学中要重新审视。

治理效果方面，犯罪治理的效果要在社会全体成员间取得一个最大公约数，而不是仅看某一方的接受度。我们不能只站在立法者的角度考虑犯罪治理效果，也不能只关注被告人的诉求。犯罪治理的效果要在社会层面接受全面审查。犯罪学的研究聚焦于犯罪治理效果在社会层面的接受度，通过实证研究得出某个犯罪圈扩大化带来的治理实效，形成评价犯罪圈扩大化正当性的有效标准。

作为研究犯罪这种特殊社会现象的学科，犯罪学可紧跟社会的真实发展进程，把握犯罪圈扩大化和犯罪治理的内在联系，为其塑造一种真实的正当性基础。结合上文我们讨论犯罪学的方法论，在犯罪治理中，犯罪学的理论产品能够具体给出犯罪治理的对策、治理的效果的评价体系和标准，由此形成犯罪圈扩大化合理的正当性价值体系。

---

① 刘宪权、杨兴培：《刑法学专论》，北京大学出版社2007年版，第43页。

结　　语

　　犯罪是一种古老的社会现象，就像人的身体总会染上各种疾病一样，一个社会运行得再好，总会有各种各样的犯罪行为。这些犯罪的行为方式或隐蔽或明显，造成的社会危害或大或小，带来的负面影响或长久或短暂。面对各种各样的犯罪行为，任何社会都会积极治理，或严厉打击，或积极预防。无论经济基础和上层建筑是何种形态，只要社会正常运转，都会投入大量资源治理犯罪。治理犯罪的逻辑起点是明确什么是犯罪，这是一个看似简单但很难回答的问题。将什么样的行为纳入犯罪圈是一个国家社会治理系统的重要内容。

　　犯罪圈是一个社会治理犯罪的直观反映。在思考什么样的行为可以或者说应该成为犯罪时，需要全社会直面自身存在的最为尖锐、不可调和的矛盾。例如，故意杀人在任何社会都会受到最严厉的谴责，但每个社会最严厉的谴责却千差万别，这意味着犯罪圈的形成和发展和其所处的社会密不可分，不可能有两个国家或地区的犯罪圈一模一样。纵向维度中历史时空的变迁，横向维度里社会物质文化条件的影响，都是犯罪圈变化的主要原因。

　　今天，中国式现代化建设正在深入发展，犯罪治理是我国现代化进路中的一个不可回避的环节，塑造犯罪治理现代化体系和能力是我们当下和今后一段时间的重要课题。本书力求把握住犯罪治理的核心因素，提供一种有别于传统规范法学的知识产品。贯穿本书的核心思想将研究重心投向犯罪圈发生的真实原因，这种真实原因不仅仅是刑法规范，而是要透过刑法规范释明为什么刑法这么规定，而不那么规定。从犯罪原因、犯罪治理、被害人因素到刑事政策，都是犯罪圈变化的基底。治理犯罪绝不仅仅是依照刑事实体法规进行定罪量刑，依照刑事程序法实现对犯罪的定罪量刑，而是要真正消除犯罪发生的原因，预防犯罪，让犯罪的社会危害性不会发生或推迟发生，管控犯罪，让已经发生的犯罪行为的社会危害性尽可能地减小，保护社会公众的合法权益。

从1997年至今，我们国家的犯罪圈在规范和事实层面都在扩大，这是一个不争的事实。一方面，中国社会发生了结构性变化，一些过去不存在的行为，现在成为了社会常态；另一方面，社会主流价值观在发生变化，过去人们认为具有社会危害性的行为，现在不这么认为了，过去认为没有社会危险性的行为，现在人们已不可接受。更复杂的是，社会公众认为可以实施的行为，立法者认为不可以。立法者认为不可以实施的行为，社会公众却觉得完全可以接受。最典型的例子就是对于正当防卫的认定。社会公众在面对危及生命的暴力侵害行为时，都希望能得到无限防卫权。而司法机关认定正当防卫要严格遵循刑法规定，危及生命的暴力侵害行为是正当防卫的必要非充分条件，这和社会公众的正义认知是有一定差异的，这是我们探寻犯罪圈扩大化正当性基础进路中需要面对的焦点问题。

毫无疑问，犯罪圈扩大化是国家公权力推动的结果，是国家治理社会的一种方式。国家为什么以及如何治理犯罪则是一个宏大且十分复杂的问题。立法者为什么扩大犯罪圈需要一个正当性的依据，这种依据没有一个固定的标准答案，更不是简单地从某种域外"先进"理论寻找印证的过程。犯罪圈扩大化的正当性依据来自于中国社会，是中国社会需要犯罪圈扩大化，也只能由中国社会给予犯罪圈扩大化一个正当性的理由。犯罪学研究的正是现实社会中发生的犯罪，从发生犯罪的社会中寻找犯罪圈扩大化的正当性依据是一种问题导向的学术选择，是贴近犯罪发生的研究方法。贴近现实、贴近社会所寻求的犯罪治理方法当然不意味着我们就能解决一切犯罪问题，但至少能告诉人们，这种方法是怎么来的，方法的路径如何形成。我们可以根据现实变化不断修正。犯罪圈在变化，治理犯罪的方法也在变化，工具和其作用的对象都在变化，且变化的原因在本质上是一样的。

犯罪作为社会矛盾最激烈的反应，是一个社会不可避免的现象。本书希望能在社会高速发展时期为犯罪治理提供一些有益的理论建言，透过现象触及犯罪圈变化的根本性因素，为犯罪圈扩大化的进程寻找足够的正当性依据。

参考文献

一　著作及译著类

白建军：《犯罪学原理》，现代出版社1992年版。
白建军：《关系犯罪学》，中国人民大学出版社2014年版。
白建军：《关系犯罪学》，中国人民大学出版社2005年版。
陈正石：《刑法的精神》，中国方正出版社1999年版。
储槐植、许章润等：《犯罪学》，法律出版社1997年版。
储槐植：《刑事一体化与关系刑法论》，北京大学出版社1997年版。
郭建安：《美国犯罪学的几个基本问题》，中国人民公安大学出版社1992年版。
韩忠漠：《刑法原理》，中国政法大学出版社2002年版。
康树华：《犯罪学——历史·现状·未来》，群众出版社1998年版。
李德顺：《价值论》，中国人民大学出版社1987年版。
李海东：《刑法原理入门（犯罪论基础）》，法律出版社1998年版。
李伟：《犯罪学的基本范畴》，北京大学出版社2005年版。
刘宪权、杨兴培：《刑法学专论》，北京大学出版社2007年版。
刘宪权：《刑法学名师讲演录（总论）》，上海人民出版社2014年版。
王牧：《犯罪学基础理论研究》，中国检察出版社2010年版。
王牧：《犯罪学》，吉林大学出版社1992年版。

王锐生、陈荷清等:《社会哲学导论》,人民出版社1994年版。

吴宗宪:《西方犯罪学史(第二版)》(第二卷),中国人民公安大学出版社2010年版。

吴宗宪:《西方犯罪学史》,警官教育出版社1997年版。

张甘妹:《犯罪学原论》,台北:翰林出版社1985年版。

张明楷:《法益初论》,中国政法大学出版社2003年修订版。

张明楷:《刑法学》(第四版),法律出版社2014年版。

张明楷:《刑法学》,法律出版社2015年版。

张明楷:《行为无价值论与结果无价值论》,北京大学出版社2015年版。

张旭:《犯罪学要论》,法律出版社2003年版。

张远煌:《犯罪学》,法律出版社2001年版。

周国文:《刑罚的界限——Joel Feinberg的"道德界限"与超越》,中国检察出版社2008年版。

[德] 阿图尔·考夫曼:《法律哲学》(第二版),刘幸义等译,法律出版社2011年版。

[德] 冯·李斯特:《论犯罪、刑罚与刑事政策》,徐久生译,北京大学出版社2016年版。

[德] 汉斯·海因里希·耶赛克、托马斯·魏根特:《德国刑法教科书》,徐久生译,中国法制出版社2001年版。

[德] 汉斯·约阿希姆·施奈德:《犯罪学》,吴鑫涛、马君玉译,中国人民公安大学出版社1990年版。

[德] 汉斯·约阿希姆·施奈德编:《国际范围内的被害人》,许章润等译,中国人民公安大学出版社1992年版。

[德] 克劳斯·罗克辛:《德国刑法学总论》(第1卷),王世洲译,法律出版社2003年版。

[德] 克劳斯·罗克辛:《刑事政策与刑法体系》(第二版),蔡桂生

译，中国人民大学出版社 2011 年版。

［德］G. 拉德布鲁赫：《法哲学》，王朴译，法律出版社 2005 年版。

［德］马克斯·韦伯：《经济与社会》（第二卷），阎克文译，上海世纪出版集团 2010 年版。

［德］乌尔里希·贝克：《风险社会》，何博闻译，译林出版社 2004 年版。

［德］耶赛克、魏根特等：《德国刑法教科书》，许久生译，中国法制出版社 2001 年版。

［法］埃米尔·迪尔凯姆：《自杀论》，冯韵文译，商务印书馆 2008 年版。

［法］埃米尔·涂尔干：《社会分工论》，渠东译，生活·读书·新知三联书店 2000 年版。

［法］迪尔凯姆：《社会学方法的准则》，狄玉明译，商务印书馆 2002 年版。

［法］迪尔凯姆：《社会学研究方法论》，胡伟译，华夏出版社 1988 年版。

［法］卡斯东·斯特法尼等：《法国刑法总论精义》，罗结珍译，中国政法大学出版社 1998 年版。

［法］马克·安塞尔：《新刑法理论》，卢建平译，香港天地图书有限公司 1989 年版。

［法］乔治·比卡：《犯罪学的思考与展望》，王立宪、徐德瑛译，中国人民公安大学出版社 1992 年版。

［法］乔治·比卡：《犯罪学的思考与展望》（中译本），王立宪、徐德瑛译，中国人民公安大学出版社 1992 年版。

［法］让－皮埃尔·戈丹（Jean－Pierre Gaudin）：《何谓治理》，钟震宇译，社会科学文献出版社 2010 年版。

［荷］W. A. 邦格：《犯罪学导论》，吴宗宪译，中国人民公安大学出

版社 2009 年版。

［美］埃德温·萨瑟兰等：《犯罪学原理》（第 11 版），吴宗宪等译，中国人民公安大学出版社 2009 年版。

［美］安德鲁·卡曼：《犯罪被害人学导论》（第六版），李伟等译，北京大学出版社 2010 年版。

［美］波斯纳：《法理学问题》，苏力译，法律出版社 2002 年版。

［美］E.博登海默：《法理学 法律哲学与法律方法》，邓正来译，中国政法大学出版社 2004 年版。

［美］华勒斯坦等：《开放的社会科学》，刘锋译，生活·读书·新知三联书店 1997 年版。

［美］理查德·昆尼等：《新犯罪学》，陈兴良等译，中国国际广播出版社 1988 年版。

［美］罗伯特·考特等：《法和经济学》，张军等译，上海三联书店 1991 年版。

［美］罗伯特·K.默顿：《社会理论和社会结构》，唐少杰、齐心等译，译林出版社 2006 年版。

［美］罗伯特·J.桑普森、约翰·H.劳布：《犯罪之形成——人生道路及其转折点》，汪明亮等译，北京大学出版社 2006 年版。

［美］罗斯科·庞德：《通过法律的社会控制》，沈宗灵译，商务印书馆 1984 年版。

［美］乔尔·范伯格：《刑法的道德界限：对他人的损害》（第一卷），方泉译，商务印书馆 2013 年版。

［美］E.H.萨瑟兰：《白领犯罪》，赵宝成等译，中国大百科全书出版社 2007 年版。

［美］斯蒂芬·E.巴坎：《犯罪学：社会学的理解》（第四版），秦晨等译，上海人民出版社 2011 年版。

［美］汤姆·R.泰勒：《人们为什么遵守法律》，黄永译，中国法制

出版社 2015 年版。

［美］梯利著，伍德增补：《西方哲学史》，葛力译，商务印书馆 2004 年版。

［日］大谷实：《刑法总论》（新版第 2 版），黎宏译，中国人民大学出版社 2009 年版。

［日］大谷实：《刑事政策学》（新版），黎宏译，中国人民大学出版社 2009 年版。

［日］高桥则夫：《规范论和刑法解释论》，戴波、李世阳译，中国人民大学出版社 2011 年版。

［日］木村龟二（きむらかめじ）主编：《刑法学词典》，顾肖荣等译，上海翻译出版公司 1991 年版。

［意］贝卡利亚：《论犯罪与刑罚》，黄风译，中国大百科全书出版社 1993 年版。

［意］恩里科·菲利：《犯罪社会学》，郭建安译，中国人民公安大学出版社 1990 年版。

［意］恩里科·菲利：《实证派犯罪学》，郭建安译，中国政法大学出版社 1987 年版。

［意］加罗法洛：《犯罪学》，耿伟、王新译，中国大百科全书出版社 1996 年版。

［意］切萨雷·龙勃罗梭：《犯罪人论》，黄风译，中国法制出版社 2000 年版。

［英］K. R. 波珀：《科学发现的逻辑》，查汝强、邱仁宗译，科学出版社 1986 年版。

［英］布罗尼斯拉夫·马林诺夫斯基、［美］索尔斯坦·塞林：《犯罪：社会与文化》，许章润、幺志龙译，广西师范大学出版社 2003 年版。

［英］弗里德利希·冯·哈耶克：《法律、立法与自由》，邓正来等

译，中国大百科全书出版社 2000 年版。

二 编著类

储槐植：《改革开放与刑法发展》，中国检察出版社 1993 年版。

高铭暄主编：《中国刑法学》，中国人民大学出版社 1989 年版。

黄长、黄育馥主编：《整合与拓展——社会科学篇》，社会科学文献出版社 2005 年版。

康树华等主编：《犯罪学大辞书》，甘肃人民出版社 1995 年版。

康树华主编：《犯罪学通论》，北京大学出版社 1992 年版。

李伟主编：《犯罪被害人学教程》，北京大学出版社 2014 年版。

刘宪权主编：《刑法学》，上海人民出版社 2012 年版。

马克昌主编：《近代西方刑法学说史略》，中国检察出版社 1996 年版。

马克昌主编：《刑罚通论》，武汉大学出版社 1999 年版。

梅传强主编：《犯罪心理学》，法律出版社 2015 年版。

欧阳康主编：《社会认识论》，武汉大学出版社 1998 年版。

孙小礼等主编：《科学方法》，知识出版社 1990 年版。

王牧主编：《新犯罪学》，高等教育出版社 2005 年版。

许章润主编：《犯罪学》（第三版），法律出版社 2015 年版。

张穹主编：《"严打"政策的理论与实务》，中国检察出版社 2002 年版。

三 杂志类

车浩：《刑事立法的法教义学反思——基于〈刑法修正案（九）〉的分析》，《法学》2010 年第 10 期。

陈兴良：《刑法的刑事政策化及其限度》，《华东政法大学学报》2013 年第 4 期。

陈兴良：《刑法教义学与刑事政策的关系：从李斯特鸿沟到罗克辛贯通——中国语境下的展开》，《中外法学》2013 年第 5 期。

储槐植：《刑事政策：犯罪学的重点研究对象和司法实践的基本指导思想》，《福建高等公安专科学校学报》1999 年第 15 期。

储槐植：《严而不厉：为刑法修订设计政策思想》，《北京大学学报》1989 年第 6 期。

方泉：《犯罪化的正当性原则——兼评乔尔范伯格的限制自由原则》，《法学》2012 年第 8 期。

冯军：《论〈刑法〉第 133 条之一的规范目的及其适用》，《中国法学》2011 年第 5 期。

高铭暄：《风险社会中刑事立法正当性理论研究》，《法学论坛》2011 年第 4 期。

高铭暄、李彦峰：《〈刑法修正案（九）〉立法理念探寻与评析》，《法治研究》2016 年第 2 期。

何荣功：《社会治理"过度刑法化"的法哲学批判》，《中外法学》2015 年第 2 期。

胡启忠：《金融刑法立罪逻辑论——以金融刑法修正为例》，《中国法学》2009 年第 6 期。

蒋菱枫：《酒驾之"治"：法治中国之法治样本》，《人民公安报》2014 年 10 月 20 日。

焦俊峰：《犯罪控制中的治理理论》，《国家检察官学院学报》2010 年第 4 期。

劳东燕：《被害人视角与刑法理论的重构》，《政法论坛》2006 年第 5 期。

劳东燕：《公共政策与风险社会的刑法》，《中国社会科学》2007 年第 3 期。

劳东燕：《事实与规范之间：从被害人视角对刑事实体法体系的反

思》,《中外法学》2006年第3期。

劳东燕:《刑事政策与刑法解释中的价值判断——兼论解释论上的"以刑制罪"现象》,《政法论坛》2012年第4期。

黎宏:《论"刑法的刑事政策化"思想及其实现》,《清华大学学报》(哲学社会科学版) 2004年第5期。

李培林:《"另一只看不见的手":社会结构转型》,《中国社会科学》1992年第5期。

利子平、石聚航:《刑法社会化初论》,《南昌大学学报》(人文社会科学版) 2010年第5期。

梁根林:《论犯罪化及其限制》,《中外法学》1998年第3期。

刘凌梅:《西方国家刑事和解理论与实践评价》,《现代法学》2001年第1期。

刘宪权:《刑事立法应力戒情绪——以〈刑法修正案(九)〉为视角》,《法学评论》2016年第1期。

刘宪权、周舟:《危险驾驶罪主观方面的刑法分析》,《东方法学》2013年第1期。

卢建平、姜瀛:《论犯罪治理的理念革新》,《中南大学学报》(社会科学版) 2015年第1期。

卢建平:《作为"治道"的刑事政策》,《华东政法学院学报》2005年第4期。

孙万怀:《违法相对性理论的崩溃——对刑法前置化立法倾向的一种批评》,《政治与法律》2016年第3期。

孙万怀:《刑事立法过度回应刑事政策的人主旨检讨》,《青海社会科学》2013年第2期。

王焕婷:《刑法立法的正当性根据——一种历史维度上的观照》,《江汉学术》2016年第3期。

王牧:《犯罪学与刑法学的科际界限》,《中国法学》2004年第1期。

王牧：《根基性的错误：对犯罪学理论前提的质疑》，《中国法学》2002年第5期。

王牧：《我国犯罪对策的战略选择》，《中国刑事法杂志》2004年第3期。

王志强：《论中国当代犯罪学的实证研究及其科学实证逻辑》，《中国人民公安大学学报》（社会科学版）2012年第4期。

王志远：《〈刑法修正案（九）〉的犯罪控制策略视野评判》，《当代法学》2016年第1期。

魏昌东：《新刑法工具主义批判与矫正》，《法学》2016年第2期。

吴林生：《刑法修正案（九）草案的得失及修改建议》，《中国刑事法杂志》2015年第1期。

严励：《广义刑事政策视角下的刑事政策横向结构分析》，《北方法学》2011年第3期。

严励：《问题意识与立场方法：中国刑事政策研究之反思》，《中国法学》2010年第1期。

于志刚：《刑法修正何时休》，《法学》2011年第4期。

岳平：《我国犯罪预防理论有效性的检视与发展进程》，《上海大学学报》（社会科学版）2014年第6期。

张红梁、钱学敏：《严格责任下的醉驾型危险驾驶罪》，《西南政法大学学报》2012年第3期。

张明楷：《犯罪定义与犯罪化》，《法学研究》2008年第3期。

张明楷：《司法上的犯罪化与非犯罪化》，《中国检察官》2009年第1期。

张明楷：《危险驾驶罪的基本问题——与冯军教授商榷》，《政法论坛》2012年第6期。

张绍彦：《犯罪原因的主体分析》，《中国刑事法杂志》2000年第4期。

张小虎：《犯罪学的研究范式》，《法学研究》2001 年第 5 期。

张小虎：《犯罪预防与犯罪控制的基本理念》，《河南省政法管理干部学院学报》2008 年第 1 期。

张笑英、谢焱：《动态犯罪圈的完善——以刑法修正案的实体考量为视角》，《法学杂志》2009 年第 3 期。

张旭、单勇：《犯罪学研究范式论纲》，《法学评论》2005 年第 4 期。

赵秉志：《刑法修改中的宏观问题研讨》，《法学研究》1996 年第 3 期。

赵秉志、赵远：《修法特点与缺憾——〈刑法修正案（九）〉简评》，《求索》2016 年第 1 期。

赵秉志：《中国刑法的最新修正》，《法治研究》2016 年第 5 期。

周光权：《〈刑法修正案（九）草案〉的若干争议问题》，《法学杂志》2015 年第 5 期。

周光权：《转型时期刑法立法的思路与方法》，《中国社会科学》2016 年第 3 期。

[德] 雅克布斯：《刑法保护什么：法益还是规范适用》，王世洲译，《比较法研究》2004 年第 1 期。

[日] 大谷实：《犯罪被害人及其补偿》，黎宏译，《中国刑事法杂志》2000 年第 2 期。

四　文集类

曹立群、任昕主编：《犯罪学》，中国人民大学出版社 2008 年版。

陈兴良主编：《刑事法评论》（第 6 卷），中国政法大学出版社 2000 年版。

陈兴良主编：《刑事法评论》（第 7 卷），中国政法大学出版社 2000 年版。

[英] 麦克·马圭尔、罗德·摩根、罗伯特·赖纳等著：《牛津犯罪

学指南》(第四版),刘仁文、李瑞生等译,中国人民公安大学出版社 2012 年版。

五 学位论文类

靳高风:《论犯罪学的问题》,博士学位论文,中国政法大学,2007 年。

六 报纸类

唐姗姗:《张少康代表建议刑法增设偷逃收费公路通行费罪》,《检察日报》2010 年 3 月 9 日第 3 版。

徐日丹、徐伯黎:《袁汉民委员:建议刑法增设"债务人拒不申报财产罪"》,《检察日报》2011 年 3 月 7 日第 3 版。

严夏晖:《刑法宜单独设立教唆贿赂罪》,《检察日报》2007 年 8 月 14 日第 3 版。

杨昌平:《北京首位醉驾入狱公务员出狱单位称按程序处理》,《北京晚报》,2011 年 7 月 14 日。

邹云翔:《刑法没有暴行罪 壮了施暴者的胆》,《检察日报》2005 年 7 月 27 日第 3 版。

七 中文网站类

国家统计局网站权威发布栏目,http：//www.stats.gov.cn/。

《抑制腐败须破除关系网,惩治腐败需用重点威慑》,http：//cpc.people.com.cn/GB/8746206.html。

八 外文论著类

Hans Von Hentig, *Crime: Causes and Conditions*, 1st ed., Kessinger Publishing, 2010.

Robert Elias, *The Politics of Victimization: Victims, Victimology and Human Rights*, 2 ed., Oxford University, 1996.

Roscoe Pound, *Social Control Through Law*, 1st ed., Transaction Publishers, 1996.

九 外文编著类

Bryan A. Garner ed., *Black's Law Dictionary*, Thomson Reuters, 2014.

十 外文论文类

Birmingham, and Taylor, "Situational Crime Prevention as a Key Component in Embedded Crime Prevention", *Canadian Journal of Criminology and Criminal Justice*, Vol. 2, 2005.

Kadish, "Fifty Years of Criminal law: An Opinionated Review", *California Law Review*, Vol. 87, 1999.

探寻治理犯罪的中国式现代化路径
（代后记）

一　犯罪治理与现代化

习近平总书记指出，要坚持在法治轨道上推进国家治理体系和治理能力现代化。法治是国家治理体系和治理能力的重要依托。只有全面依法治国才能有效保障国家治理体系的系统性、规范性、协调性，才能最大限度凝聚社会共识。

犯罪治理是国家治理体系的重要环节，是体现国家治理能力现代化的核心参数。治理犯罪的工具理性不仅存在于规范场域，还存在形成犯罪的各种社会条件之中，从犯罪生产和发展的社会条件去找寻治理策略是一种合理的考量。

犯罪作为一种社会现象，我们希望减少甚至消除这种社会现象，将视角聚焦于产生犯罪的社会，需要一种事实导向的研究路径。过往，规范法学为犯罪治理提供的理论建言局限于规范意义上的犯罪，仿佛有了好的治理犯罪的"刑法条文"，我们就有了治理犯罪最好的工具。但事实是这样吗？依法治国的框架下，治理犯罪当然需要依靠科学的、完备的刑事规范体系，但仅有一个刑事规范体系是不够的，无法满足中国式现代化犯罪治理的目标。

高空抛物行为侵犯法益是从什么时候开始的？20世纪80年代高空抛物的社会危害性和现在相比如何？醉驾的危害性是不是有了

《刑法修正案（八）》以后才有的？或者说有了《刑法修正案（八）》以后醉驾的危害性就减小了？

面对这些问题，我们发现仅仅围绕构成要件该当性或在结果无价值和行为无价值之间去寻找违法性认定的内在逻辑是不够的。在没有高楼大厦的 20 世纪 80 年代，无论是法学家还是普通老百姓都意识不到高空抛物的社会危害性。同理，在人均汽车保有量很低的时代，醉驾发生的概率远小于 21 世纪的今天，其危害性可能不如超速驾驶。决定一个行为社会危害性大小的因素是多方面的，刑法规范虽然是极其重要的因素，但还不是唯一因素。社会政治、经济、文化乃至于自然因素均可赋予一个行为不同的社会危害性。

所以，在探究犯罪圈发展和变化的进路中，我们不应将视角局限于规范法学的领域。今时今日，在中国的现代化之路已然成形时，探索中国式犯罪治理的合理路径应在当下的中国社会中完成。

也许，我们习惯了找一个"老师"，得到其悉心指导，这样我们就更有信心，毕竟珠玉在前，总不会差太多。在犯罪治理体系和治理能力的现代化探索中，"路径依赖"始终是一个不可回避的问题。当我们问"何为现代化"这个问题时，"西方化"总是一个不错的答案。我们并不一味地排斥西方化，从我们日常使用的生活用品到属于精神财富的文化产品，从不缺西方化的因素。在制度建设、社会治理等宏观问题上，我们的现代化路径借鉴了不少域外法治先发国家的先进经验和有益成果。当下我国犯罪治理的法治化成果有不少来自于法治发达国家，我们接触、了解、研究、掌握和运用了这些成果，在这些成果的基础上，我们不能踯躅不前，还有很多新的难题去解决，犯罪圈扩大化的实质因素便是其中之一。

不能否认，我国犯罪圈是在扩大的，这种扩大包括了规范和事实两个层面。以醉驾为例，2021 年全国起诉以醉驾为主的危险驾驶案件 35 万人，危险驾驶案连续 3 年成为刑事数量最多的犯罪。如果刑法不规定"醉驾"是犯罪,那么有再多的人饮酒也不会扩大我国规范层面的犯罪圈。或者,刑法规范将80毫克/100毫升的标准提高或降低一点,我国犯罪圈的大小也会随之变化。没有刑法规范,犯罪圈的相关问题便无从谈起。缘起于西方的罪刑法定原则是我们今天刑事法制最为重要的原则之一,是全面依法治国强调的在法治轨道上推进国家治理体系和治理能力现代化的重要抓手。

除此之外呢?有醉驾行为才有醉驾犯罪行为的认定。我国喝酒开车的人是增加还是减少和刑法规范的要求并无直接联系。治理犯罪从源头切入,探寻人们为什么要醉驾,以及如何在刑法之外构建预防醉驾的策略,最终回归到完善醉驾的刑事规范。坚持从规范到事实,再从事实到规范的犯罪治理策略,全面考察犯罪圈的社会、政治、经济和文化生态不失为一种合理的犯罪治理手段。

犯罪在规范和事实两个位面呈现,规范层面治理犯罪的方式本土化工作我们已经取得了很多实效。在此基础上,我们回归已经高速发展了几十年的中国社会,回归现代化建设成绩斐然的中国社会,犯罪发生在中国社会,犯罪圈的扩大是中国社会犯罪圈的扩大,治理犯罪的中国式现代化体系就深耕于中国社会。

本书的写作目的就是提倡从当代中国社会实际情况出发,发掘犯罪圈扩大化的规范和事实原因,给予这些原因一个正当性的解读。当然,本书内容尚浅,仅仅起到一个"抛砖引玉"的作用,希望更多的研究力量能投入到当下中国社会犯罪圈发展变化的研究中来,无论是规范的,还是事实的,给中国式犯罪治理一个现代化的解读。

认识犯罪圈扩大化的原因和现象不易,完善犯罪治理不易,提升法治建设不易,实现中国式现代化的目标不易。诸多不易中,从作为犯罪圈规范基础的刑法规范入手,尤其是从刑法修正的历程入手是个不错的开始。

二 犯罪圈的变化与刑法修正的实质性技术标准

晚近 20 余年我国犯罪圈变化和刑法的密集修正关系密切。犯罪圈或扩大或缩小的变化背后，刑法规范的调整必然是核心因素。从本书的基本立场看，我们不应仅以刑法规范的调整就得出犯罪圈变化正当性的全部解答，但也不能不关注刑法修正对犯罪圈的实质性影响。从逻辑闭环的要求出发，犯罪圈最终要回归到刑法规范，这是依法治国最基本的要求。

刑法为什么要修正呢？因为刑法有缺陷。刑法的缺陷是什么呢？有两种原因，一个是刑法的条文设计从产生之初就存在缺陷，一个是刑法生效后，社会客观条件产生了变化，使得刑法出现了不适应社会的缺陷。刑法有缺陷，我们就需要对刑法进行修正，而刑法修正本身也不是完美的，正如学者所说，"刑法修正案的立法方式以个别修正、局部改进为基本形式，以被动回应、应急立法为基本特征，修法时往往难以统筹兼顾，容易导致修改后的条文之间缺乏体系逻辑的一致性与规范内容的合目的性"[①]。

20 余年间，我们有了 11 个生效的刑法修正案，整体呈现单向扩张的趋势。当我们围绕犯罪圈扩大化正当性诉求展开探索时，刑法修正是否修正了刑法的缺陷以及自身是否带来新的缺陷是必须思考的支点。换言之，刑法修正案内在结构的实质合理性是犯罪圈扩大化正当性基础的关键因素。

正如域外学者所言："国家为何能用可危及生存的手段来惩罚公民，这个刑法学的基本问题，已经在大大小小的不同层面上讨论了几个世纪。"[②] "凭什么用刑罚措施处罚公民"是规范层面犯罪圈变

---

① 梁根林：《刑法修正：维度、策略、评价与反思》，《法学研究》2017 年第 1 期。
② 参见 [德] 乌尔斯·金德霍伊泽尔《刑法总论教科书》（第六版），蔡桂生译，北京大学出版社 2015 年版，第 23—25 页。

化正当性最为核心的问题。立法者进行刑法修正,增设罪名、扩大刑罚边界时必须在这个问题上有充分的理由。刑法修正案扩大规范层面犯罪圈的举措,应从其内在结构的合理性给予这个问题一个积极的回应。

刑法修正的作用是修正现行刑法规范缺陷。从规范和事实两个层面看,判断刑法是否有缺陷的标准可以从社会政治、经济、文化、道德、立法和司法等不同维度得出。例如,政治标准是判断刑法是否有缺陷的第一标准,政治关是第一关,是硬约束、硬要求、硬杠杠。党的二十大报告明确指出,"公正司法是维护社会公平正义的最后一道防线","……努力让人民群众在每一个司法案件中感受到公平正义"。社会公平正义不仅仅是一种抽象的道德要求,更是一项具体的政治标准。再如,一个刑法条文是否有违公序良俗抑或禁止了民法上允许公民可以为的行为,均是我们判断这个刑法条文是否有缺陷的标准。

由此观之,判断刑法缺陷的多维度决定了刑法修正案内在结构合理性的复杂程度。刑法修正案不断拓展犯罪圈外延进程的正当性评判标准上,缺乏一种符合中国式现代化要求的技术标准,这种技术标准的核心是"公平",一种以社会政治、经济、文化、道德等因素为核心内容的实质性公平标准。我们不能说写进刑法典就是公平了,而是要追问,某一修正案是否符合各项社会标准的检验。我们可以从两个方面展开探讨刑法修正案的实质性技术标准。

一是入罪的修正技术。刑法规范确立的入罪标准是犯罪圈扩大最重要的参数之一。刑法修正案修正刑法条文,将一个行为入罪,这就是最简单的扩大犯罪圈的举动。而入罪的实质问题在于公平性,这种公平性标准不仅仅在于刑法修正时把这个行为定为犯罪,不把那个行为定位犯罪,而是相似行为是否应该以及如何认定为犯罪。

我们以经济犯罪为例。《刑法》第一百六十五条规定"国有公司、企业的董事、经理利用职务便利，自己经营或者为他人经营与其所任职公司、企业同类的营业，获取非法利益，数额巨大的"是非法经营同类营业罪。非法经营同类营业罪的犯罪圈限定在了"国有公司、企业的董事、经理"这个范畴之内。那么，如果是非国有公司、企业的董事、经理利用职务损害了任职公司的利益，个人获取非法利益数额巨大的行为呢？再如，《刑法》第一百六十六条规定了为亲友非法牟利罪，其犯罪圈的边界限定在国有企事业单位的工作人员，那么一家民营企业的工作人员做同样的行为，该如何认定呢？当然是不能做犯罪处理，企业只能从民事、行政诉讼途径获得救济。我们追问，一家民生领域的优质民营企业因其员工的"为亲友非法牟利"行为而遭受巨大损失，波及相关民生工程，影响人民群众利益时，刑法的法益保护机能是否应当发挥作用？根据《刑法》的规定，非国有公司、企业中的工作人员利用职务便利为亲友非法牟利是不构成犯罪的，不在我国的犯罪圈之内。这样的犯罪圈结构是否合理呢？

从宪法基础看，根据《宪法》第十一条的规定："在法律规定范围内的个体经济、私营经济等非公有制经济，是社会主义市场经济的重要组成部分。国家保护个体经济、私营经济等非公有制经济的合法的权利和利益。国家鼓励、支持和引导非公有制经济的发展，并对非公有制经济依法实行监督和管理。"可见，非公有制经济在我国同样受宪法保护，法律保护上没有区分公有制经济和非公有制经济的规范基础。同时，党的二十大报告也明确提出："毫不动摇鼓励、支持、引导非公有制经济发展"，强调"优化民营企业发展环境，依法保护民营企业产权和企业家权益，促进民营经济发展壮大"。优化民营企业发展环境必然包含优化其生存和发展的法制环境。通过刑法规范的设定，打击和惩治严重侵害民营企业财产的危害行为是我们扩大犯罪圈的一个合理理由。"相同的人和相同的情形必须得到相同的或至少是相似的待遇,只要这些人和这些情形按照普遍的正义标准在事实上是相同的或相似的……如果一项罪行与对之设定的刑罚之间存在着实质性的不一致,那么这也会违背一般人的正义感。"①

所以,在刑法修正扩大犯罪圈范围的正当性依据中,我们要深入考虑其中的实质性因素,不能一味地认为扩大了就好或者不扩大才好。实质性的公平是刑法修正进程改变犯罪圈的核心技术标准。

二是法定刑的修正技术。法定刑和犯罪圈的关系不像犯罪认定那么直观,但并非没有关联。实际上,在监察机关调查职务犯罪、检察机关审查起诉和人民法院审判案件时,都有可能根据相关情节判定是否构成犯罪。例如,监察机关调查职务违法行为时,发现被调查人收受他人财物及时退还,可以不认定为犯罪。这里认定"及时退还"要考虑三个因素:收受和退还财物之间的时间差;财物的数额;是否已经利用职务便利为他人谋利。这三个因素同时也可以是判断受贿罪法定刑的参数。再如,《刑事诉讼法》第十六条和第一百七十七条的规定,检察院审查起诉时,对犯罪情节轻微、社会危害性不大的行为,可以不认为是犯罪,作出不起诉决定。由此,我们可以看到,如果一个行为本身涉及的量刑情节轻微时,可以不作犯罪处理,法定刑的高低对犯罪圈是有实质性影响的。

因此,刑法修正时不仅要考虑到入罪的实质公平,还要考虑确定法定刑的实质公平。确保法定刑的公平有两种技术操作:一是降低和提高某个罪的法定刑,但决定法定刑的标准不变。例如,受贿罪在刑法修正前后,法定刑的上限都是死刑,下限都是拘役,但入罪的标准从单纯看数额变成了数额加情节;二是在改变法定刑的同时,改变入罪标准。例如行贿罪的认定,《刑法修正案(九)》将

---

① [美] E. 博登海默:《法理学:法律哲学与法律方法》,邓正来译,中国政法大学出版社 2004 年版,第 286 页。

"行贿人在被追诉前主动交代行贿行为的，可以减轻处罚或者免除处罚"修正为"行贿人在被追诉前主动交代行贿行为的，可以从轻或者减轻处罚，其中，犯罪较轻的，对侦破重大案件起关键作用的，或者有重大立功表现的，可以减轻或者免除处罚"。这一改变加大了行贿罪的处罚力度，也扩大了行贿罪的犯罪圈。主动交代行贿行为不能当然地免除处罚了。

法定刑修正技术对犯罪圈的影响是实质性的，我们应该如何选择很关键。重刑并不是预防犯罪的灵丹妙方，没有证据表明重刑对抑制犯罪具有作用。[①] 刑罚轻重应当匹配社会发展程度。我们可以看到的一个基本规律是，随着我国现代化建设不断进步，刑事处罚也随之轻缓化，典型的如盗窃罪、抢劫罪等犯罪的处罚力度是不断变轻的。刑法修正在技术层面合理设置法定刑是其优化犯罪圈范围的重要渠道。

我们以受贿罪和行贿罪为例。现行刑法规定的受贿罪和行贿罪入罪第一档刑罚存在罪责刑不匹配的情况，行贿罪和受贿罪的犯罪圈设置不合理。众所周知，受贿罪和行贿罪虽然是对向犯，但其社会危害性的评价并不一致。大多数情形下，受贿罪的危害性要大于行贿罪，毕竟受贿罪的主体是公权力的行使者，滥用公权力进行钱权交易的行为的社会危害性是明显大于行贿行为的。但是，现行刑法中受罪罪和行贿罪的第一档刑罚是不对等，且不能公平反映两个罪的社会危害性。

受贿罪第一档的法定刑是"三年以下有期徒刑或者拘役，并处罚金"。行贿罪的第一档法定刑是"五年以下有期徒刑或者拘役，并处罚金"。三年以下和五年以下孰重孰轻一目了然。同时，受贿罪和行贿罪入刑的数额标准是一样的，3万元都是入刑标准。以3万元为

---

① 参见林山田《刑罚学》（第2版），台北：商务印书馆1983年版，第70页。

标准，受贿3万元与行贿3万元的社会危害性谁更大一些呢？行贿罪的犯罪圈是否必须和受贿罪的犯罪圈高度吻合呢？刑法有意以"被追诉前主动交代行贿行为的"作为行贿罪的出罪事由，但在入罪的法定刑门槛上又和受贿罪一视同仁，甚至更加严厉。这种矛盾是立法技术的缺陷导致的。在《刑法修正案（十二）草案》中，这个问题得到了重视。行贿罪入罪的门槛有所优化，法定刑的设置更为合理。

可以预见，我国的刑事修法工作还将持续发展，在我们实现中国式现代化的各项指标中，修法技术的现代化显然是重要指标。从入罪标准到法定刑的修正，犯罪圈随之波动，在整体犯罪圈扩大化的趋势下，我们更应当优化立法技术，确保犯罪圈扩大化的正当性。

犯罪治理的中国式现代化进程要围绕刑法修正的实质性公平建立犯罪圈扩大化正当性的基础。刑法修正本身还不足以成为犯罪圈扩大化正当性的当然标准，透过每一次刑事修法，我们应当从中国社会已然成形的现代化价值体系中寻找评判修法实质性公平的各种依据。

三　犯罪圈扩大的中国式现代化价值目标

本书坚持这样的观点：评价犯罪圈好坏不应简单地肯定或否定，而要看肯定或否定背后的价值支撑。不同人表达肯定或否定意见时，都从一定的价值取向出发。犯罪圈扩大化是在犯罪治理视域中的焦点问题，我们探索犯罪圈扩大化正当性基础本质是探索犯罪治理的价值目标——犯罪治理要实现什么样的社会治理效果。

对犯罪圈扩大化持肯定说的学者认为，当下我国的犯罪治理主要任务不是非犯罪化，刑法所确立的犯罪圈过于狭小，但刑罚却又过重。要实现更好的犯罪治理效果，需要扩大犯罪圈，同时轻缓化刑罚适用。犯罪圈扩大化"符合我国的刑事法治现实。犯罪圈的扩大并不必然违背谦抑性原则"[1]。

否定说的内在逻辑则是，我国重刑轻民的中国法律传统带来今天犯罪圈不断扩大的结果。在我们法治现代化的进程中，应当摒弃这种观点。当下及今后一段时间我们应当停止犯罪圈扩大的进程，适当进行一些非法犯罪化工作。这种逻辑支撑下，有学者就认为我们今天已经出现"过度刑法化"的问题。尤其是面对社会发展中出现的某些问题时，国家和社会民众总会想到用刑法来解决，造成了立法和司法上的刑法过度化。[2] 还有持否定说学者进一步从犯罪治理的角度出发，认为犯罪圈的扩张可能是犯罪率上升的一种解释。[3] 例如，扒窃的入刑，就增加了犯罪的类型，从而提高了犯罪率。

在规范法学讨论犯罪圈大小的逻辑背后，我们可以清晰地看到一种价值取向，这种价值取向实际是二者共同适用的（虽然肯定说与否定说在表面上是矛盾的）。这种价值取向概括而言，就是以个人自由作为价值基底来评价犯罪圈扩大的正当性，犯罪圈扩大带来的犯罪治理效果应当以公民的个人自由为下限。无论是肯定说，还是否定说，都坚持个人自由价值取向在犯罪圈扩大乃至在犯罪治理中的核心地位。

肯定说认为犯罪圈扩大化是正当的，不违背刑法谦抑性，同时坚持犯罪圈扩大化的背后，应当将刑罚轻缓化。否定说认为不应当扩大犯罪圈，而应选择非罪化的处置。

在规范法学塑造的犯罪圈扩大化价值基底之外，我们是否还有新的价值标准呢？答案是肯定。

本书认为，犯罪圈扩大化价值基底除了个人价值外，还应有符

---

[1] 卢建平、刘传稿:《法治语境下犯罪化的未来趋势》,《政治与法律》2017年第4期。

[2] 何荣功:《社会治理"过度刑法化"的法哲学批判》,《中外法学》2015年第2期。

[3] 齐文远:《修订刑法应避免过度犯罪化倾向》,《法商研究》2016年第3期。

合社会公共利益的考量。犯罪圈扩大化具备正当性意味着一个行为的入刑，既能保证个人自由，也能满足公共利益的需求，犯罪治理在保护公民个人和保护社会公众之间取得了平衡。这才是中国式现代化治理犯罪所需的价值选择。

我们结合过去几年中国刑事法制的实践检视一下传统规范法学肯定说和否定说，会发现其中的价值取向映射到现实时的种种瑕疵。例如，肯定说认为扩大犯罪圈是正当的，但应轻缓化刑罚。但我们看到的是从2019年至2021年的扫黑除恶专项斗争在实质上扩大了犯罪圈，对黑恶势力进行严厉打击，侦办了一批诸如云南孙小果案、四川王德彬案、湖南新晃操场埋尸案等典型案例。也就是说，现实中我国进行扩大犯罪圈的同时，加大了对特定犯罪的惩处力度，并没有刑罚轻缓化的举措。肯定说学者认为的扩大犯罪圈，使刑罚宽缓化是我国刑法发展的必然趋势，符合我国的刑事法治现实的观点[1]是没有事实依据的。

也许会有人认为，现实的未必就是最好的，但既然是现实的必然有其合理性，如果现实的不是最好的，起码也会是必要的。再以扫黑除恶为例，根据公安部网站信息显示：在扫黑除恶专项斗争中，全国公安机关共打掉涉黑组织362个、涉恶犯罪集团2609个，破获案件3.97万起；全国检察机关起诉涉黑恶犯罪嫌疑人3.5万人，其中组织、领导、参加黑社会性质组织犯罪9551人；全国法院一审审结涉黑恶犯罪案件5657件，相关涉案款436.24亿元。这样的结果是好还是不好呢？在近4万件案件中，也许会有部分案件存在各种各样的瑕疵，但犯罪治理效果整体上的良好性是不容否认的。社会公众对涉黑案件犯罪圈的扩大化是持肯定态度的，为什么呢？因为扫黑除恶专项斗争中，公安机关等国家机关将人民大众的整体利益

---

[1] 卢建平、刘传稿：《法治语境下犯罪化的未来趋势》，《政治与法律》2017年第4期。

摆在了一个特别重要的地位。

所以，我们考察犯罪圈扩大化的正当性基础时，其价值基底应当契合当下国家治理体系和治理能力现代化的实践要求。任何一个研究者均可明确展示面对犯罪圈扩大化所持的价值观，然后将这种价值观投射到我国正在高速发展的现代化进程中，价值观之间的碰撞蕴含着发现犯罪圈扩大化正当性的核心价值。

四 犯罪圈扩大化正当性基础建构的"祛魅"

本书从犯罪学研究视角出发，试图搭建起我们评价犯罪圈扩大化的新路径，这需要在中国式现代化图景中对一些看似非常合理的观点进行"祛魅"。

首先，关于犯罪圈扩大化是否会侵犯公民的个人自由空间的观点，否定犯罪圈扩大化的论证中有一个常见的底层逻辑：公权力运行会侵犯公民个人自由，犯罪圈扩大化在规范层面是公权力推动的结果，既然是公权力推动的，那从公民个人自由的角度出发，就不能肯定这种行为，因为公权力运行会侵犯公民个人自由。

我们追问：公权力运行会侵犯公民个人自由吗？会，但不绝对。我们需要加一个"定语"。不受监督和管控的犯罪圈扩大化才会侵犯公民个人自由。对犯罪圈扩大化持否定态度的学者恐怕得先证明犯罪圈扩大化是不受监督和管控的公权力造成的，还要证明司法实践中，某些犯罪的增长（例如"醉驾"行为）是不受监督和管控的公权力造成的，否则如何能得出犯罪圈扩大会侵犯了公民的个人自由的结论呢？在我们思考犯罪圈扩大化的结果时，对某些价值取向和底层逻辑应当进行一番祛魅，一些固化的观点是否有实践支持是应当深思的。

其次，关于犯罪圈扩大化是否会压缩公民个人自由的空间的观点。肯定犯罪圈扩大化的论证中同样有一个统一的底层逻辑：扩大犯罪圈会压缩公民个人自由的空间，所以要轻缓化刑罚。意即罪名可以多，但刑罚门槛却要提高一些，刑罚适用应缓和。

我们追问：犯罪圈扩大化真的会压缩公民个人自由的空间吗？会，但不绝对。我们仍然需要加一个"定语"。无序扩张的犯罪圈会压缩公民个人自由的空间。不加这个"定语"，我们怎么回答以下问题：扫黑除恶专项斗争压缩哪些公民的个人自由呢？反腐败的高压态势让什么样的公民面临失去自由的风险呢？对公民的个人自由而言，诸如抢劫、敲诈勒索、集资诈骗等行为的威胁就一定小于公权力运行吗？事实层面的犯罪圈扩大化才会压缩公民的个人自由空间，面对这种情况，不依靠公权力去保护社会公众，还能靠什么呢？

最后，我们讨论研究方法的问题。犯罪圈扩大是一个现实问题，思考这个问题应当坚持实践理性的标准。"实践理性要求我们采取实现目的的手段，这毫无争议也没有问题。"[①] 实践理性审视下，我们研究犯罪圈扩大化的方法也应当坚持实践导向。实践导向的逻辑结构很简单——实践中的问题是什么，实践中可用的方法是什么，实践中用了这些方法结果是什么。犯罪圈扩大化是犯罪治理中的一个选项，这选项好不好，要看是否实现犯罪治理的目标。传统规范法学中很多探讨缺乏实践理性的视角，在诸如怎么认识犯罪圈继而怎么认识犯罪圈扩大化及目标等方面没有一个对社会现实很好的回应，这是方法论层面的问题。

例如，上文所举对犯罪圈扩大化持反对态度的学者的观点中，认为是传统重刑轻民的观点导致了今天犯罪圈扩大化。从实践理性的角度出发，我们怎么判断"重刑轻民"呢？或者说用什么方法给出"重刑轻民"好与坏的标准呢？总不能因为是我国传统的法制观点，所以就要摒弃吧？还有"过度刑法化"的观点，这个"度"的

---

① ［美］M.科斯格尔：《工具理性的规范性》，徐向东编《实践理性》，浙江大学出版社 2011 年版，第 403 页。

标准是用什么样的研究方法得出的呢？有定量分析的数据吗？

综上，我们需要一种契合符合实践理性标准的研究方法来探索犯罪圈扩大化的正当性基础，这样我们研究的结果才能符合社会实践，符合犯罪是一种社会现象的事实。

五 犯罪圈扩大化是一种社会事实

我们应当将犯罪圈扩大化作为一种社会事实来看待。过去思考犯罪圈相关问题时，我们注意力总是聚焦在规范法学层面。规范法学体系内逻辑自洽性的建构要优于社会现实中真实存在的犯罪圈样态。如果某个领域的犯罪圈扩大化趋势不符合某种规范法学的理论，则大概率会招来各种批评。我们要明确，在犯罪学视域中，组成犯罪圈的各种犯罪类型都是社会事实。作为一种社会事实，离不开社会价值评判，由此我们在承认犯罪圈扩大化客观存在的同时，还需要进一步进行价值分析，作为建构犯罪圈扩大化正当性基础的路径。

近年来讨论较多的"醉驾入刑"问题就很好地体现了犯罪圈作为社会事实的特征。一方面，周光权教授指出，"到2020年，全国法院审结'醉驾'等危险驾驶犯罪案件总数为28.9万件，占刑事案件总数的比例高达25.9%，危险驾驶罪成为名副其实的第一大罪，比盗窃罪高出1.71倍"[1]。基于这些数据，周光权教授认为，醉驾成为刑事追诉的第一犯罪对于国家、社会和醉驾者来说，都是特别巨大的损失，建议修法来提高入罪门槛（也就是在规范层面缩小犯罪圈）。

但另一方面的数据我们也不能不关注，"醉驾入刑"后的2011年5月1日至2017年4月30日，全国年均因酒驾、醉驾导致交通事故5962起，造成2378人死亡、5827人受伤，较"醉驾入刑"前的

---

[1] 周光权：《论刑事一体化视角的危险驾驶罪》，《政治与法律》2022年第1期。

5 年分别下降 8.9%、13.7%、17.8%。两组数据对比，我们的价值选择该如何做出呢？周光权教授认为醉驾入刑对国家、社会和醉驾者来说都是特别巨大的损失，可其并没有论证国家和社会的巨大损失在哪（周光权教授论文仅谈及醉酒入刑后检察院和法院工作量增加，工作效率降低，这如果是"巨大损失"的话，那社会其他犯罪增加时，公权力机关是不是也不应回应，因为工作量会增加），仅仅谈及醉驾者的损失，那么我们就要追问为什么不把醉驾行为潜在的被害人的损失纳入考量呢？

我们再进一步从犯罪治理的角度看，治理醉驾这种行为该如何进行？周光权教授认为有两种办法，一是加大行政处罚力度，二是将醉酒驾驶型的危险驾驶罪的构成要件修改为"醉酒后，在道路上不能安全驾驶机动车的"，[①] 构成危险驾驶罪，以此提高醉驾入刑的门槛。

加大行政处罚力度是否能取得良好的效果尚存疑问，关键的问题是如果加大行政处罚力度不能很好地治理醉驾行为，那其中的试错成本谁来承担呢？同时，行政处罚力度的加大也会提高国家治理成本。周光权教授否定当下醉酒驾驶型危险驾驶罪设置的一个理由是其增加了公检法运行成本。但提高醉驾入刑的门槛，加大行政处罚力度也只是将国家机关运行的成本从公检法转移至其他行政执法部门（车管所、路政部门等）而已，国家机关运行的成本没有减少。

修改危险驾驶罪构成要件的方法也不是一个很好的选项。公安机关证明"醉酒后在道路上不能安全驾驶机动车"的成本是非常高昂的，而且"不能安全驾驶"的标准实难统一，执法不公现象难以避免，极大地增加治理成本。

我们不是单向地支持醉驾入刑或一味主张加大对醉驾的处罚力

---

① 周光权：《论刑事一体化视角的危险驾驶罪》，《政治与法律》2022 年第 1 期。

度，而是要指出关于醉驾入刑扩大犯罪圈优劣的思考应回归到社会事实层面。醉驾入刑带来的各种正面、负面影响均应从社会事实的视角切入，醉驾入刑给醉驾者带来的负面影响是哪些，醉驾行为带来的社会危害是什么，国家治理在哪个环节更容易切入并取得良好的效果，这些考量应和规范法学的研究成果有机结合。在我们考虑危险驾驶罪的设置是否符合刑法理论上抽象危险犯的原理时，也应关注一下现实中发生的醉驾行为带来的具体危害是什么，社会公众对醉驾的整体意见，在罪与非罪之间，体现了哪些价值选择。在价值观的碰撞中，我们可以更全面地把握治理犯罪的抓手，也才能更好地评判犯罪圈扩大化的社会现象。

综上所述，本书的主旨不再于提供一种具有普遍适用性的犯罪圈扩大化正当性标准，而是着重从犯罪学的学科范式展开分析，指明认知犯罪圈扩大化这一客观存在的社会现象的正当性所需要的知识供给以及方法论路径。可以预见，在我国刑事法制的发展进程中，犯罪圈扩大化的趋势还将持续，无论这种趋势呈现出什么样的特征，立基于犯罪学的方法论，从犯罪原因和被害人视角寻找合理性因子，从刑事政策和犯罪治理层面寻找有效性因子在一段时期内均可作为我们建构犯罪圈扩大化正当性的基本路径。